期待とあきらめの心理

親と子の関係をめぐる教育臨床

内田利広

創元社

序

子どもの成長へのまなざし

本書で取り上げている「親の期待」に私が初めて注目したのは、大学院時代の家族面接のときである。不登校になり、親も子どもどうしていいかわからず、大学付属の心理教育相談室にやって来た家族との面接を通してであった。クライエントは、中学二年生の男子生徒であった。それまでは何の問題もなく小学校、中学校と過ごしてきたが、中学二年生になり、突然、学校に行けなくなり、親はいろいろと考え、働きかけたりしてきたが、なかなか学校には行くことができないという状況が続いていた。

不登校の子どもに接して

相談室での面接では、両親がそろって相談に来られて、熱心に、これまでの様子や子どもへの思いを語られていった。その話を聞いていた子どもも、何とか学校に行ければと取り組んでいたが、気持ちの落ち込みが激しく、なかなか動けないということであった。私はその話を聞いて、素直に子どもの成長を願い、何とか学校に行けるようにならないかと願い、不安と心配のなかにいる、両親の子どもへのやさしいまなざしを感じていた。これは、ほとんどの親が願う思いであり、学校に行く、行かないに関わらず親としての当然の子どもへの思い、〝まなざし〟であり、このような親の熱心な思いのなかで、どうして子どもは学校に行くことができないのだろうか……と、不思議に思っていた。

相談室での面接を重ね、親が子どもへのさまざまな思いが語られるのを聴くなかで、この親の〝まなざし〟のなかには、いろいろな思いが含まれていることがわかってきた。つまり、まだ中学二年、十四歳であるが、親にしてみると十四年間、子どもの様子を見続けてきているわけであり、親のまなざしは、その時代や状況によって、少しずつ変化してきているのである。そして、今ある子どもへのまなざしは、これまで見続けてきた子どもへのまなざしの積み重ねとしての思いがあり、そこには非常に多くの思いが含まれている。そうした〝まなざし〟のあり方に目を向けることが、私が最初に感じた、不思議さを解決していく糸口であるとわかってきたのである。

子どもの成長と親子関係

このようにさまざまな思いの含まれた親の〝まなざし〟は、子どもにはどのように映っているのであろうか。親が子どもに目を向け、子どもの成長を願う思いは、親の子どもへの《期待》として、表現されることが多い。自分の子どもに対し、たとえば「立派に成長してほしい」「みんなと同じように元気に遊んで、楽しんでほしい」「一人の大人として幸せになってほしい」というような期待である。これらは、ほとんどすべての親が持つ願いであり、当然の期待である。

子どもは、親の〝まなざし〟のなかに含まれる期待を、しっかりと感じ取り、その期待に応えることで、親に喜んでもらい、ほめられることを逆に期待して、頑張っていく。このように、親子のあいだで、期待の相互性というかたちで、期待を通してお互いの気持ちを伝え、それに応えることで「安心感」と「信頼感」が生まれ、関係が深まっていく。この親のまなざしは、子どもの成長にとっては、必要不可欠であり、生き物にとって、空気がそこにあるのと同じぐらいに自然で、目に見えにくいものである。子どもは当然のように《親の期待》を受けとめ、何とかそれに応えようとし、自分なりに努力する。それは、生きるためには必然であり、その期待を引き受け、それに応えることが、その子がその家庭・家族のなかで生きていくうえでは、必要なことである。

しかし、不登校の子どもと接するようになり、その当然の親の〝まなざし〟、そしてそこに含まれる《期待》が、子どもの成長にとっては、必要不可欠であるとともに、子どもの成長を妨げたり、親子の関係を錯綜させたりするものになるという事実が、垣間見えるようになってきたのである。

子どもの成長に不可欠な親の期待が、ある時は、子どもを育み、ある時は子どもの成長を妨げる、ということに気づいて、私は驚きと戸惑いを覚え、この事態をどのように理解したらよいのだろうかと悩んだ。そして、私なりにたどりついた到達点は、《親の期待》というのは、かなり複雑であり、そこにはさまざまなものが含まれており、逆に、《親の期待》に注目することが、親の心の奥底に眠っているさまざまな不安や葛藤、さらには夫婦の関係や子どもとの関係性を理解していくうえで、貴重な資源となることがわかってきた。

この親の期待に注目して話を聞いていくと、親自身も少し意識を向けるようになり、ときにはその期待が少し変化し、弱まっていく場合があった。その状況を、親は、「もうあきらめました」という言葉で表現することがあったが、私は、このあきらめるという表現に、独特のニュアンスがあることを感じ取っていた。つまり、あきらめるという母親の語りのなかに、なにか、「見放す」というよりも、少し子どもを客観的にやさしく眺める視線が感じられたのである。少しユーモアも交えながら、笑って話されることもあった。おそらく、子どもとの不登校をめぐるさまざまな葛藤や不安から、少し解放され、ホッとされる瞬間でもあったのであろう。

不登校の子どもを持つ親が、子どもへの《期待》を少し和らげ、ホッとできる瞬間を持てることで、子どもとの関係は少しずつ変化することがあり、子どもへの支援という意味では、そこから何かが生まれてくるという実感を得ていた。そこで私は、この「期待」と「あきらめ」をひとつのセットとして見ていくほうがよいのではないか、と考えるようになった。

子育ての苦悩と親性

最近は、子育てをめぐる問題がさまざまなかたちで取り上げられるようになっている。

たとえば、子どもをめぐる不登校、いじめの問題や家庭における虐待や関係の持ちにくさの問題である。これまでは、子どもが学校生活を無事に送れるというのは、ごく普通のことであり、親が子どもの学校生活について、思い悩むということは、それほど多くなかった。しかし、不登校の数が年々増加し、いじめによる痛ましい事件が報道されるようになり、親は決して、子どもの学校での生活に無関心で、心配しないでおれるという状況ではなくなっている。いつ子どもが学校に行くのを嫌がるようになるのか、友だちとうまくいかなくなり、学校での居場所を失い、元気がなくなるのではないかということを、いつも気にしながら、子どもを育てていくことになる。

親にとって、子どもが学校でいじめられたり、居場所を失い、学校に行くことを嫌がったりすることは、自らの身を切られるような思いであり、つらい体験となる。これは、親にしてみると子どもを思う本来的な気持ちであり、すべての親に共通に見られる親としての本質、つまり親性として考えられる。しかも、その子どもの苦しみやつらさを親自身ではどうにも和らげたり、取り除いてやったりできないというもどかしさがあり、親の苦悩はますますつのっていくことになる。

子育てをめぐる親の心配や不安は、もちろんこれまでにもあったが、その量と質において、最近は大きく変化してきている。

以前は、子どものことに対する心配がありつつも、親は、生活すること、生きることに精一杯であり、また、子どものきょうだいが多いなかで、親がそれほど面倒を見なくても、子どもはきょうだい関係や地域の異年齢集団のなかでそれなりにやってこられたのである。ところが、最近の少子化の流れのなかで、子ども一人に対する親の思いや心配は、確実に増えてきている。特に一人っ子や、なかなか子どもが授からずに、ようやくできた子どもの場合など、親の思いは一点に集中することになるので、それだけ、親の不安や心配は膨らんでいく。また、すでに述べたいじめや学校に行きにくいという問題も、親は心配で不安になる。

それでも、これまでの学校の生活では、一定の期間が経つと親の不安は次第に薄れていき、また変化していくことが多かった。しかし、最近の学校でのいじめの問題は、自ら命を絶つというように、深刻化・長期化しており、そのようななかで親は「何をしてやれるのか」「どうやって助けたらいいのか」、と思い悩む日々が続き、不安や苦悩をますます増幅させている。

このように、子どもを育てるということは、さまざまな苦悩を子どもとともに過ごしていくということであり、親にとっては、相当のエネルギーのいる仕事である。「それだけのエネルギーをかけて育てて、報われるのか……」「自分の思いや意志を受け継いで、やってくれるのか……」という思い入れが大きくなるのは、もっともなことであり、その思いが強ければ強いほど、子どもへの期待はますます膨らんでいく。

それだけのエネルギーを仕事に注ぎたいということになれば、子どもを持たないで生活するという選択肢も考えられる。このように、子どもを育てるということは、いま大きな転換点に来ていると考えられる。つまり、子どもを育てるということが、それだけ大きなエネルギーをかけて、やり遂げるだけの価値があり、親としての、またひとりの大人としての喜びや幸せにつながるのだろうか、という問い掛けがなされているのである。

子育ての苦悩を越えて

子育てにおける苦悩について多く述べたが、その一方で、子育ての喜びについても、多くの人が感じているところである。

子育てのなかで、多くの苦労を感じつつも、子どものわずかな成長に喜び、発達にともない出来なかったことが少しずつできるようになり、また思いもしなかった反応が返ってくるなかで、親としては、人間の成長力を実感することになるのである。また、多くの親は、子どもを育てるなかで、地域の住民と出会い、他の保護者と出会うことになり、社会的な交流も広がっていく。家庭においても、子どもの誕生をきっかけに、夫婦の関係は大きく変わり、子どもをめぐっての会話も増え、親としての自覚が高まるとともに、ひとりの大人、社会人としての意識も変わっていくと考えられる。

子育てにおいては、その苦悩・苦しみとともに、そこから得られる喜び、幸せははかり知れないものがあり、お金や物の豊かさでは手に入らないものである。親はそのような子どもの成長に、喜びを感じ、子どもの成長を見守り、子どもへの惜しみない愛情を注いでいくなかで、みずからも親としての経験を深め、「親性」を高めていくことになる。その親の愛情は、子どもにもしっかりと受け止められ、子どもは親の愛情に育まれて、自然と成長し、一人前の大人になっていくのである。

しかし、既に述べたように、親が一生懸命愛情を注いでも、子どもがそれをうまく取り込めず、安心感や信頼感を得ることができなくて、社会のなかでうまく適応できなくなってしまう場合があるのである。

ここが、私がもっとも不思議に思ったところであり、愛情の深さは親により多少の違いはあっても、多くの親が子どもの成長を願い、幸せになってほしいと思っているなかで、子育てにおける多くの苦悩に出会うことになるのである。

この親の子どもへの思いと、子どもの感じる親からの愛情とのあいだには、なにかずれがあるのではないかということを、不登校の子どもとその保護者に接するなかで、私は感じてきていた。つまり、親は子どもの幸せを願って子育てをしているが、子どもからしてみると、どうもその思いがうまく伝わらず、ときには子どもを窮屈にしたり、子どもの思いを押し殺してしまうところがあるのではないかと感じられていた。その具体的な例が、《親の期待》であった。この視点が、親の子どもの成長や幸せを願う思いと、子どもの思いとの、ずれを理解するひとつの入口になるのではないかという直感であった。

私はこの本で、親が子どもの幸せを願いながらも、どうしてもその思いがうまく届かず、苦しみや苦悩に陥ってしまう保護者に対して、また、親のさまざまな思いを感じてしまい、うまく動けないでいる子どもたちに対して、少しでもその苦悩から抜け出して、お互いが自然な成長の喜びを感じ合えるようになるための、一つのきっかけを提示できればと考えている。つまり、私がこの本で描こうと思っているのは、《親の期待》を中心として、親と子のあいだにあるずれや、そこから生じてくる苦しみ・葛藤を明らかにすることで、親と子が、ともに大人として、また親として、成長していくための物語である。

目次

第II部　事例研究——親の期待をめぐって

期待とあきらめの心理　親と子の関係をめぐる教育臨床

本書のはじめに

本書を手に取っていただいたことに感謝する。皆様が、この本のタイトルから、どのような「期待」や「あきらめ」に関心をもたれたかは、それぞれに異なるのではと思う。そこでまず、全体の構成を次々頁に示す。その構成からも分かるように、本書は三つの部から構成されている。

第Ⅰ部では、親の期待とあきらめについて、先行研究を丁寧に読み進め、その中から私なりに重要な研究を整理したものである。過去にも、親の期待についてこれだけの研究があったのかと感動する。ただ、この部分は、文献の紹介、引用がほとんどであり、研究としてのこれまでの経緯や言葉の使い方の変遷などに関心のない方は、次の第Ⅱ部から読み始めることも可能である。

第Ⅱ部より、具体的な事例を提示し、親の期待とあきらめについて、私なりの論考を進めている。ここは、具体の事例が中心であるので、具体的にどのような関わりや対応、親の発言があるのかに関心のある方は、この第Ⅱ部から読み始めることも可能である。

第Ⅲ部では、その事例での考察をまとめて、期待に関する三つの視点、つまり親の視点

（第七章）、子どもの視点（第八章）、セラピストの視点（第九章）から、期待のあり方やその影響、変容について、考察を行っている。ここは、事例の内容を踏まえてまとめているので、できれば第Ⅱ部を読んでから見ていただけるとより理解は深まる。

終章では面接のプロセスモデルを、図を使いながら提示している。最終的な結論を知りたいという方は、この四部を読んでいただけると、私の主張の大枠は理解していただけるのではと思う。

親の期待やあきらめに関するこれまでの実践や研究に関心のある方は、第Ⅰ部の文献研究が役に立つと思うし、臨床実践を中心に活動されている方は、第Ⅱ部の事例研究や第Ⅲ部の第九章、セラピストの視点からの介入に関心を持たれるのではと思う。また実際に子どもに関わっておられる方や保護者にすれば、第Ⅱ部の実践事例や第Ⅲ部第七章の親の視点からの期待のあり方、第八章の子どもの視点から見た期待の受け止め方が、参考になるかもしれない。

このように、それぞれの立場、関心で本書をお読みいただき、少しでも皆様の日々の実践活動や日常生活において、参考になるものであることを願っている。

なお、本書は、私が九州大学に提出した学位論文に、加筆修正を加えてまとめ直したものであり、既に報告した論文をまとめ直した章もあり、繰り返しや同じ文献の引用が出てくるが、文章の構成上、そのままにしているので、ご容赦いただきたい。

《本書の構成図》

序　子どもの成長へのまなざし

第Ⅰ部　親の期待とあきらめ

第一章　親の期待の心理学
第一節　親の期待をさぐる
第二節　子どもから見た親の期待
第三節　心理臨床における親の期待

第二章　あきらめの日本語臨床
第一節　文化的なあきらめの変化
第二節　心理臨床におけるあきらめ

第三章　期待とあきらめのダイナミズム
第一節　思春期の親子関係へのアプローチ
第二節　親子関係の変容プロセス

↓

第Ⅱ部　事例研究

第四章　不登校への支援
第一節　生きるすべを求めるプロセス
第二節　中学三年生Aとその家族
第三節　Aそして家族との面接過程
第四節　面接を振り返って
【事例A】

第五章　ハンディキャップをめぐる家族の関わり
第一節　子どもに合った見方へのプロセス
第二節　小学六年生Bとその家族
第三節　母子合同面接の過程
第四節　面接を振り返って
【事例B】

第六章　親の期待に沿おうとする子ども
第一節　ほどよい居場所へのプロセス
第二節　高校二年生Cとその家族
第三節　子どもとの面接過程
第四節　面接を振り返って
【事例C】

↓

第Ⅲ部　三者の視点からのアプローチ

第七章　親の操作的期待
第一節　期待のあり方と両義性
第二節　期待の行き詰まりと苦悩
第三節　面接過程における変容
『親の視点』

第八章　期待される子どもの視点
第一節　期待に沿おうとする心理
第二節　期待に沿えない危機
第三節　迎合的な自分と本当の自分
『子どもの視点』

第九章　期待へのアプローチ
第一節　期待の正当性と共感的理解
第二節　期待のあり方への関わり
第三節　行き詰まりを支える
『セラピストの視点』

↓

終　章　期待とあきらめの教育臨床
第一節　子どもの心の成長への影響
第二節　期待のあり方とあきらめ
第三節　面接のプロセス・モデル
第四節　保護者への支援

第Ⅰ部　親の期待とあきらめ

第一章　親の期待の心理学

〈第一節〉親の期待をさぐる

心理学における期待の効果としては、教育心理学における〈ピグマリオン効果〉が主要なテーマとして、考えられてきた。ピグマリオン効果とは「その人にとって重要な意味のある他者が抱く期待によって、その人の能力に変化が生じる現象である」[*1]と定義され、〈教師期待効果〉とも言われている。そして、教師が児童・生徒に対して持っているさまざまな期待が、彼らの学習成績を左右することも実証されている。[*2]

期待されることと承認欲求

この〈ピグマリオン効果〉について実際の教育現場において検証した研究として、例えば「生徒が教師からの期待に対し、どのくらい重要性を感じ、実行していくのかが、子どもたちの学校生活での心理的充実感に影響する」と考えた調査研究がある。[*3]

そこでは、教師からの被期待感と学校生活における心理的充実感との関係について検討され、「教師を親和的に受け止めている生徒の方が、教師からの期待に対しやってみようと感じ、実行している」ことが、また、「親和的な教師からの期待を受け入れ実行していることは充実感を高め、他方、罰強制的な〈教師を高圧的・

強制的と受け止めている）教師からの期待を受け入れ実行していることは充実感を下げる」ということが示されている。これは、単に「どのような期待をされているか」という期待の内容だけではなく、「誰が期待をしているか」ということが重要であり、期待をされる教師との関係性、つまり「親和的な関係であるかどうか」が大きく影響していることを示唆している。

このように、期待されてそれに応えるかどうかは、期待される相手との関係性が重要な要因になってくると考えられる。ただし先の研究[*4]では、「先生」を特に指定しておらず、自分にいちばん影響を与えている教師というイメージを用いて実施しているため、やや不明瞭なところがある。

また、教師からの期待は、生徒自身の「やってみたい」あるいは「やりたくない」といった意思以前に、勉強は「やって当たり前」という受け止め方が前提になっており、学校教育における教師からの期待は、実行できることで充実感につながるが、逆に実行できないことは自尊心を下げることになり、結果として充実感も低下すると考えられる、と指摘されている。[*5]確かに、学校教育における教師からの期待は、教育目標に準じた「やるべきこと」であり、子どもたちの方にそれを受け入れるかどうかの判断の余地は残されておらず、それを拒否するということは考えられない。

周りの大人からの期待は、子どもの学力だけではなく、性格などにも影響するということが考えられる。学力の形成の問題について、パーソナリティの持つ影響力が指摘され、「そのパーソナリティには、周囲の大人の期待が及ぼす影響は大きい」と述べられている。[*6]周囲の大人とは、学校現場では教師であり、これはすでに述べたピグマリオン効果と呼ばれる教師期待効果である。

ただしその研究では、「ピグマリオン効果は、実験的手続きにより人工的に作られた期待であり、また倫理上の課題もある」と指摘されている。そして、「子どものパーソナリティや学力の形成においては、日常的に接する親子関係のなかで自然な感情をベースとした《両親の期待》の影響がより大きい、と考えられる」と述べられている。

子どもたちが周りの大人の期待の影響を受けるのは、子ども自身が「周りの人に自分を認めてほしい」という欲求（承認欲求）を持っているからである。

子どもたちは成長・発達していくうえで、さまざまな承認欲求を持っているとされ[*7]、古典的な承認の三タイプとして「家族的承認」「性的承認」「社会的承認」が考えられる。子どもにとってはまず家族的承認が土台にあって、そのうえで学校・社会からの承認（社会的承認）が必要である。ところが、現在は、家庭での家族的承認と学校での社会的承認のバランスが崩れつつあり、従来は、子どもは学校ではよい成績をとることや集団生活になじむことが期待され、それによって評価される。他方、親はわが子に対して、どのような場合であっても認め、たとえ期待に応えることができなくても、そのことで子どもの善し悪しが評価されることはなったのである。つまり、親は無条件に子どもの存在を認めていたのである。

しかし、現在はこの役割が逆転し、親があらゆることを子どもに期待し、条件付きでしか、子どもを評価し認めようとしなくなっている。そのために学校は、本来の家庭の役割を代わりに果たすかのように、子どもの個性を尊重した幅広い評価をするようになったと指摘されている。つまり、子どもは本来家庭では無条件に認められるはずであったが、最近の親はさまざまなことを子どもに期待するので、子どもにとっては、自分の存在を認めてもらうために、自分が何を期待されているのかを敏感に察知し、その期待にこたえようと必死になっているのである。

そこで本論でも、子どものパーソナリティや学力の形成において、周りの大人の期待が大きく影響しているととらえる。特に《親の期待》は、子どもが日常生活をおくる家庭における基本的体験であり、子どもの学力やパーソナリティ形成、さらには適応の問題まで関係する重要な要因であると考え、この《親の期待》に焦点を当てていく。

職業継承期待と子どもの欲求のずれ

《親の期待》に関する研究のもっとも初期のものに、子どもの願望との一致・不一致に注目したものがある。[*8、9、10]一九五〇年代にすでに、《親の期待》と子どもの願望のずれあるいは不一致のパターンに注目し、それらが子どもの人格的特性とどのような関係にあるかを検討するため、質問紙調査による研究が行われている。

親と子の見方や考え方（期待あるいは願望）のあいだの一致・不一致に影響する要因としては、親の職業や学歴、子どもの学齢が取り上げられ、それによって子どもの現在の生活や将来の問題にどのような傾向がみられるかが検討されている。親の職業として「商業」「サラリーマン」「工員」の三つの階層に分けられ、また親の小卒・中卒・高大卒の学歴別の区分により、小学六年生〔三〇〇人〕および中学二年生〔三〇〇人〕を対象として、児童生徒およびその保護者に対して調査を実施している。

結果としては、全体的な傾向として、子どもの考え方や望みよりも、親の見方や期待の方がより高い値であり、子どもの思いよりも《親の期待》の大きいことが示されている。職業別では、親子の期待‐願望のあいだに高い一致率が見られるのはサラリーマンであり、次いで商業であり、もっとも低いのは工員であった。つまり、親が工員や商業の家庭において、より大きなずれがあり、親のほうがより大きな期待を抱いていた。

しかし、親と子の差異のほうが、職業別による差異よりもいっそう大きく、特に勉強については、子ども自身では「よくやっている」と考えているにもかかわらず、親のほうでは「もっと勉強するようになってもらいたい」と強く望んでおり、《親の期待》が子どもの考えを大きく超えていることが示された。また、そこで検討されたのは、個々の親子関係における「親‐対‐子」の一対一での期待の一致ではなく、平均的な「親全体と子ども全体」での一般的傾向であった。そこで、個々の親対子どもの一致・不一致をその組み合わせにより、さらに詳しく見ていく必要を指摘し、特に進学の問題をとりあげ、九つの一致・不一致のタイプを考え、「期待過多の不一致型」に注目している。

この研究は、一九五〇年代の戦後の復興期の日本における《親の期待》に関する先駆的な研究として意義のあるものであるが、親の職業や学歴に関しては、現在の職業や学歴とは大きく異なったものであり、現在ではまた異なった結果になるのではと考えられる。しかし、この研究では、《親の期待》の背景にあるものを親の職業や学歴によって探ろうとし、さらに親子の期待に対する一致・不一致を個別の親子における組合せのタイプ分けをし、「期待過多の不一致型」に注目している。これは、現在の《親の期待》が大きく、それに押しつぶされそうになっている、いわゆる「過剰期待」の子どもたちの現状をみると[11,12]、先見性のある研究であったと考えられる。

その後しばらくあいだがあいて、《親の期待》に関する初期の研究としては、職業継承に関する研究がある[13,14,15]。中高生を対象に、親の職業とその継承期待、それに対する子ども自身の継承希望について検討されている。特に父親が子どもに抱く期待は、親がその職にある場合が有意に高く、なかでも医者と教師における継承期待が高いことが示されている。医者の継承期待率は六五・七％であり、他の職業より抜きんでて高かった。

さらに、職業継承率の高い看護職について検討し、職業継承性の規定要因として、《親の期待》と親への同一視の変数を取り上げ、母‐娘に見られる看護職の継承への影響について検討している。その結果、母親が娘によせる看護職への継承期待は、娘の看護職継承行動に強く影響を及ぼしていることを示し、さらに、母親の看護職経歴型（継続型・再就職型・早期退職型）と継承性については、継続型の母親を持つ娘は、他の経歴型（再就職型・早期退職型）の娘に比べ、継承行動・希求度・潜在的継承希望の全ての面で継承性が高いことが示された。その結果に関しては「母親の生き方を肯定する程度の高さ」が関係しているのではないかと考察している。つまり、母親の現在の職業に対する肯定的な態度が、子どもの継承性へ影響しているのではないか、という指摘である。これは、単に親の意識的な期待だけではなく、親自身が現在の職業にどのように取り組んでいるかという親の意識を超えた姿勢・態度そのものが、職業継承には影響していると考えられる。いわゆる「子どもは親の背中を見て育つ」ということである。

医者に次いで継承期待率の高かった教職については、子どもの職業選択において、親が教員の場合（継承群）と教職以外の職業（非継承群）の場合の親子関係（認知した親の期待など）にどのような違いがあるかについて検討され、職業継承群では、親の期待が高校・現在と継続しているのに比べ、希望群（親の職業に関係なく、希望して教職に就いた群）では、親の期待が高校よりも現在に集中していた。これより、継承群では、親の期待が中学・高校といった早期に形成され、長期にわたって子どもの職業継承に影響を及ぼしていると推察される。

このように、《親の期待》が子どもの職業継承にかなりの影響を及ぼしていることが示されているが、この職業選択の背景には、親の子どもに対する学業や進学に対する期待が含まれていると考えられる。

これらの研究は初期のものであり、《親の期待》そのものが親の職業や学歴によりどのように異なり、また子どもの職業選択にどのような影響を与えているか、という素朴なものであった。

一九八〇年代になり少しずつ《親の期待》に関して注目されるようになった。そこには高度経済成長のなかで、親の勉学や進学への意識が高まっていったということとも関係していると考えられる。この時期、子どもの不登校の問題をはじめ、いじめや校内暴力など、さまざまな子どもの適応上の問題が見られるようになり、その背景としての家族、親の役割が注目されるようになったことと無関係ではないと考えられる。

《親の期待》のあり方として、親は「我が子のために」と大儀を掲げながら子どもへの過剰な期待を生み出すことがあり、親の願いや期待は、必ずしも子どもの身の丈に合った内容であるとは言えず、親の独りよがりな欲求として子どもの心に入り込むことになる、という考え方がある。[*16] さらに、最近の親と子の関係性とそこから発生する期待について、先行研究[*17]を参考にして、子どもの存在意義の変化に注目したものもある。[*18] つまり、子どもの存在意義が、親にとっての「投資財」「生産財」（子育ての結果、子どもが将来老いた自分たちの面倒を見てくれるであろうという期待）から「消費財」（子どもを育てるということ自体に、親の楽しみが反映されること）へ、そして「名誉財」（子どもを「いい子」に育てることが親にとっての名誉またはステイタスであり、子育ての苦労が何らかの見返りとして返ってくることへの期待）へと変化を遂げてきたと述べている。つまり、子どもの存在意義の変化は、親自身が自らの生きがいを喪失し、親としての社会的役割が家庭の内側だけに向けられ、その結果、子どもが自己実現の手段になっているのではないか、ということである。

このように、《親の期待》のあり方が時代の流れとともに大きく変化してきており、それは子どもの成長や適応においても、さまざまな影響を与えている。

そこで、一九八〇年代に入ってからの最近の《親の期待》に関する研究の動向とその課題を、学業・進学期待、発達的な達成期待、国際比較、さらに期待の領域・内容の視点から、検討し考察する。

学業・進学にまつわる親の思い

初期の研究でも見られたように、親が子どもに期待する職業（安定・高収入）に就いてほしいと願うのは当然であり、そのためには、ある程度の学力を身につけ、期待するような学校に進学してほしいと願うのも、もっとなことである。

このような視点に立った、大学附属小学校における親の進学期待と職業期待について、公立小学校と比較調査したものがある。[*19] 附属小学校においては、親の高学歴・高所得という社会経済的地位が高く、これが保護者の進学期待、職業期待を強く規定しているだろうという仮説のもと、公立の小学校と比較された。その結果、附属小においては、大学・大学院への進学期待の割合がかなり高いということが示され、特に男子に対する期待が高かった。また、職業期待についても、附属の場合はより知的職業であるホワイトカラーの職業が選択される割合が高かった。特に母親においては、公立と附属の差がはっきりと示されており、母親は子どもの職業を子ども自身の選択というより、親の希望である現実的で安定的な職業という観点から選択しているのである。[*20] つまり、子ども自身の希望というより、親の思い（現実性や安定性）により職業が選択されている可能性が高いということである。

一九五〇年代になされた研究[*21]では、サラリーマンに比べ、工員や商業の親がより高い期待を示し、子どもとのずれが大きかったが、一九八〇年代の研究[*22]では、附属小に通う子どもの親（つまり親の高学歴高所得）のほうが、よりホワイトカラーの職業を期待しているということである。ひと昔まえは、工員や商業などのいわゆるブルーカラーの親が子どもに高い学力・学歴を期待しており、サラリーマンはそれほどの期待ではなかったが、最近は、そのホワイトカラー（高学歴高所得）の親がさらに子どもに高い期待を抱いているのではと考えられる。これは、最近の子どもによる親の殺傷事件の分析における「二つのタイプ」の指摘[*23]にもつながる。つまり、比較的学歴の高い親が子どもに医学部などへの進学を期待して、強い教育圧力をかけるタイプと、親自身もそれほど学齢は高くないが、子どもも勉強には熱心ではなく、遊んでばかりいたり学校をさぼったりするので、親が強い教育圧力をかけるタイプがある、というものである。

また、親の進学期待と親の期待する子どもの性格（行動）特性との関係を明らかにするため附属小学校を含む公立小学校での調査研究もある。[*24] その結果、公立の小学校では、「礼儀正しさ」や「責任感」といった子どもの社会化に関するものが高かったが、附属小においては「自主性」や「根気強さ」「創意工夫」といった個性化を強調した内容がより期待されていた。このことについては、進学期待の高さが、結果として子どもの将来を意識した個性化を強調する形となって表れている、と考察されている。さらに、一般的に「子どもに大学まで進学してもらいたい」と希望している親においては、子どもへの個々の性格特性に関する要望が高いことが示され、さらには、進学期待の特に高いと思われる附属小においては、「子どもの悩み」と「親の要望」の関連性の強いことが示されている。つまり、親の要望が高くなればなるほど、子どもの悩みも深まっていくのである。

さらに、親の学業や進学に関する期待については、小学生を対象とした研究では、学習に関する期待は、学年が上がるにつれてほぼ直線的に増加していくこと[*25]や、大学生を対象とした調査では、小学・中学・高校・大学における親の勉強や進学に関する期待については、凸型に変化するという結果が示されている。[*26] つまり、ほとんどの家庭において、中学生を中心にして勉強や進学に関する期待がかなり高まっていくのである。この勉学や進学期待の高さに伴って、親から子どもへの要望や教育圧力も高くなり、その分子どもの抱えるストレスや悩みも高くなっていると考えられている。

このように、親の進学や就職への意識の高まりに応じて、《親の期待》の内容もかなり勉学・進学に偏った内容となり、より要求水準の高いものになっていくと考えられ、その分、子どもたちの抱えるストレスも高くなり、場合によっては心身のバランスを崩し、不適応に陥るということも十分に考えられる。

これまで《親の期待》の背景要因として、親の職業や収入、学歴などとの関連が検討されてきた。それらはある程度の関連性は見られるが、必ずしもそれだけによって期待のあり方が規定されるものではないようである。つまり、もっと個々の親のもつ意識によって、その期待のあり方は違ってくるようである。

　その親の意識の違いを、家族の家庭環境のひとつの特質として、文化資本に着目した研究もある。[*27] そこでは、《親の期待》と家庭環境の関連について、文化資本の格差ということに注目し、「家にある本の量」を指標として検討している。家に三百冊以上の本がある家においては、「親のできなかった夢を実現する」「よい成績をとる」「将来、一流の大学や会社に入る」という期待において、わずかではあるが他よりも高くなっていた。また、このような家庭環境と子どもへの期待行動における違いについて、文化資本の多い家庭においては、子どもへの期待をほとんど言わないのに比べ、文化資本の少ない家庭は、子どもへの期待の表し方を明確にしていることが示された。

　つまり、文化的環境が整っている家庭の場合は、子どもに期待を明確に示さずに、子どもの自主性に任せているのではないか。子どもも、親から期待を明言されずとも、暗黙裡に理解しているというべきであろう、と考察している。《親の期待》は、「家にある本の量」で示されるような文化資本がそろっている家庭ほど、より高い期待をかけており、さらにそれは暗黙の了解として、明確に言葉にしなくても子どもたちには感じられているのである。

　一方で、このような高学歴志向に対しての別の視点からの検証もある。[*28] そこでは、「いい学校に入れれば、いい会社に入れ、いい会社に入ればいい生活ができる」という期待については、農家の母親では半数ぐらいがそのような期待をしていたが、その他の多くの母親は、高学歴ということよりも「内面的自律」を重視したり、「精神的貧困化」を心配したりする傾向もあると述べられている。これは、母親にとっても、高学歴だけがすべてではないと、頭では理解しているということの現れではないかと考えられる。

　さらに、親の生活満足度と、子どもへの期待の関連については、父親は生活の満足度いかんに関わらず上を目指すことへの期待を持っているが、母親は、生活に不満を感じている場合に、特に子どもに対して上昇志向への期待をかけることが多い、と述べられている。[*29] このように、《親の期待》の背景としては、親自身の生活や、さらにはこれまでの人生経験や対人関係などが関連してくると考えられ、「親自身ができなかった夢」を子どもに託すといった思いも、《親の期待》の中には入り込んでいるのではと考えられる。[*30]

発達における期待の諸側面

《親の期待》のなかでも、子どもの発達に関する期待を、達成期待（発達期待）としてとりあげた研究がいくつか見られる。

初期のものとしては、《親の期待》が子どもの年齢とともに変化していく様子を、幼稚園児・小学生（二年・五年）、中学生（二年）を対象とし、その親に調査が実施されている。[*31] まず現時点での対象の子どもへの期待としては、「勉強」「進路」に関する期待が、年齢が上がるにつれて増加し、「社会適応」「個人安定」は減少していくことが示された。また、将来の期待については、ほとんど発達的な変化は見られず、どの段階においても「社会適応」と「個人安定」が高くなっている。ここでは、将来の期待と現時点での期待とに矛盾があることに注目されている。例えば女子についてみると、中学二年の時点では、《親の期待》として「勉強」「進路」を含めた「個人達成」の期待がかなりの部分を占めているが、将来の期待ではこの「個人達成」というものはほとんど見られなくなり、逆に、中学二年までの間に減り続けてきた「社会適応」「個人安定」への期待が高い。

これについては、将来の「社会適応」や「個人安定」への期待の前提として、現時点（中学二年）における「勉強」や「進路」を含めた「個人達成」への期待を持っている、と考察されている。いずれにしても、中学二年という受験を控えたこの時点においては、ほとんどの親が勉強や進路が将来の就職につながると考え、「個人達成」つまり勉強や進路への期待が高くなると考えられ、そのことは子どもたちにとっては大きなプレッシャーになることもあると考えられる。

また、「環境としての親の期待」という表現で、期待のあり方に注目したものもある。[*32]そこでは「親の子どもへの期待は子どもの発達環境を決定する基盤である」と述べられ、日本の親の子どもへの期待には、ある共通した特徴があると指摘され、日米比較によりそれが明らかにされている。日本の母親は米国の母親に比べ、「子どもが従順であること」、「情緒が安定していて我慢強いこと」を重視し、他方米国の母親は、「言葉で自分の意見や意志を主張すること」、「仲間の中でリーダーシップをとり自分の意思を表明したり、実行するということ」を期待している。そこには、日本における〝よい子〟像が背景にあり、日本の子どもの特徴を、従順さと温和さを重視する日本の母親の期待と、その期待に基づくしつけの影響ではないかと考察している。

さらに、自己主張をより重視する母親の群では、子どもも自己主張的制御が自己抑制よりも強くなるという結果から、《親の期待》が何に重点を置いているかによって、子どもの社会的行動の質は決定されている、と述べられている。また、日米の親の発達への期待は、かなり異なり、そのことは海外で育ってきた帰国子女においては、多くの葛藤をもたらしていると考えられる。つまり、自己主張への期待の高い欧米での生活をしてきた子どもたちは、それに応えるような形で生活してきているが、日本ではむしろ自己抑制に対する期待が高く、「従順さ」や「我慢強さ」が求められる日本の文化に適応していくのは、帰国子女にとってはかなり難しくなる、ということである。

学習に関する期待については、母親の子どもによせる期待は常に子どもの思いよりも高く、この高い期待は、嫌でも子どもに意識させられ、圧力を感じることになる。さらに、「親の期待が、子ども自身の学習への意欲や内発的動機を失わせ、よい成績をとる、試験に合格する、よい学校に入ることを目標にした手段的動機付けと相まって、子どもの学習を動機づける強力な源となってしまっていることは、子どもにとって決してプラスではなく、親の期待のマイナスの効果といえよう」と述べられている。

つまり、親からの期待や圧力によって勉強する（させられる）ことが、自分自身を否定的悲観的にみるようになり、他者への暖かい思いやりを欠くようになる可能性を示唆している。

このように、発達途上における子どもの行動や態度について、日本の母親は自己主張より自己抑制を強く期待するところがあり、そのことが結果として子どもの自己主張性を弱めていると考えられ、日本の母親の期待の特徴が示されている。また、《親の期待》が子どもの思いよりも高くなることで、子どもの意欲や動機付けを失わせるということが考えられ、《親の期待》のマイナスの効果についても検討していく必要がある。

親の子どもへの期待のなかでも、特に性役割に関する期待も大きいと考えられる。国立女性教育会館において実施された、家庭教育に関する国際比較調査がある。*33 親の子どもへの「男らしく女らしく」という期待について、日本を含む六ヵ国〔日本・アメリカ・韓国・タイ・フランス・スウェーデン〕において調査が実施されている〔一九九四年／二〇〇五年〕。その結果、世界的な傾向として「男らしく女らしく」という子どもへの期待は、一九九四年から二〇〇五年にかけて減ってきており、特に日本について、この十年間の変化をみると、父親の男子への期待が変わらず、高い水準であった。また男子の「男らしく女らしく」と他の期待内容との関連を見たところ、日本・アメリカ・韓国・フランス・スウェーデンにおいて、「男らしく女らしく」という期待は「他人との競争に勝てる」という期待との関連が強く、男子においては「男らしく女らしく」という期待には「他人との競争に勝てる」という期待が込められていると考えられる。特に日本と韓国においてその傾向が強かった。一方、女子においては日本、韓国、タイでは「親のいうことをきく」「困っている人を助ける」「幸せな家庭を築く」という期待との関連が高かった。

このように、《親の期待》、特に性役割に関する期待では、世界共通の傾向があり、さらに「男らしく女らしく」の期待の中には、他人との競争に勝ってほしいという期待（男子）や親の言うことをきく、困っている人を助ける（女子）といった期待が含まれていることが示唆されている。

また、日本と中国との比較では、中国の母親は「大学院」までの進学を期待していることや「海外留学」を期待していること、[34]さらに知性発達への期待の高いことなどが示されている。[35]台湾の母親との比較では、調査した八つの領域すべてにおいて、日本の親よりも台湾の《親の期待》が高いことが示されている。[36]このように、海外における親の期待の比較研究をすることで、日本の親の期待のあり方が見えてくるところがある。

さらに、子どもの発達段階による《親の期待》のあり方について検討した研究がある。

小学四年生と六年生を対象とし、親子双方に質問紙調査が実施され、まず学年差として、四年生の母親は〝よい子〟の期待が高く、六年生の母親は「進学・就職」期待が高いことが示されている。[37]さらに、《親の期待》が、児童の期待認知を経由すると《親の期待》が目標として受け入れられるのに対して、母親の期待から児童の認知を経由せずに児童の目標に直接影響を与えると、児童の目標を低下させる、と指摘している。また、大学生を対象とし、回顧的に小学・中学・高校・大学における《親の期待》について検討し、期待の認知の発達的変化について、増加型、減少型（性格・人間関係・性役割）、恒常型（健康・自律・生き方）、凸型（勉強・進学）、凹型（趣味・稽古ごと）に分類したものもある。[38]これらの研究を通して見られるのは、小学生のころは、〝よい子〟と言われるような性格・人間関係に関する期待が強いが、それは次第に弱くなり、中学生になると、「進学・就職」（勉強）が最も高くなり、それが子どもの認知により、目標ともなるが、その目標を低下させる要因にもなるということである。

また、幼稚園児における自己調整能力と《親の期待》との関連についての検討もある。[39]さらに、《親の期待》

とは逆の視点から、小学四年生と六年生の子どもが親に期待することとして、将来の親像を手掛かりにした検討もある。[*40]

このように親の子どもに対する期待は、発達的にみると、小さい頃は子どもの健康をはじめ、性格や対人関係などが中心であるが、その後中学、高校となると「勉強・進学・就職」を中心とした内容に変化していくことが示された。中学生という時期は、親の高まる期待と、それに対する子どもの思いとの間に大きなずれや葛藤を生む可能性がある時期であり、教育葛藤につながりやすい時期であると考えられる。[*41]

親の期待の領域と内容

親の子どもへの期待といっても、何を期待しているのかという期待の領域・内容については、さまざまな側面が考えられる。従来、この期待の領域があいまいなまま、また対象とする調査者により少しずつその内容が異なるので、一概に《親の期待》と言っても、その意味するところは多様なものであった。

これまで見てきたように、《親の期待》については、子どもにどのような職業についてほしいかという職業選択に関する期待や進路・進学に関する期待、また子どもが小さい場合は、発達的に周りとの関係の取り方や日常的なあいさつや礼儀、規則順守などの期待、さらには性役割に関する期待や性格特性に関する期待など、さまざまである。そこで、本研究では、これまでの期待の内容について【表1】のように整理してみた。

この表では、これまでの研究を概観し、まず対象者の発達段階順に並べ、それぞれの研究で抽出された期待の内容（因子名）を、社会志向的か、個人志向的か、の視点で整理したものである。これまでの発達的な視点や多様な期待内容の検討を通して、大きくは二つのグループに分けられるのではないかと考えた。

つまり、社会志向（社会性・対人関係）と個人志向（学業・進学・就職）の二つのグループである。これは、

表1　先行研究における期待の領域・内容の分類

研究者	対象 発達段階	期待の領域・内容 ↑社会志向(社会性・対人関係)	人間性(性格)	個人志向(学業・進学・就職)↓
富澤(2005)	大学生	「社会的スキルの獲得」	「学校への適応」	「就職・学業期待」
庄司・藤田(2000)	大学生	【社会的評価】「社会・経済的地位」「社会貢献」「友人関係」「身体的活動」	「よい子」「人間的成長」「健康性」	【自己実現】「結婚・家庭生活」「進学・学歴」
河村(2003)	大学生	「社会への適応」	「従順・見栄」「苦労への報い」	「進学・学業」「就職」
松本・渡辺(1993)	大学生	「人間関係」	「性格」「未来像」「人生態度・生き方」「健康」	「進路」「勉強」「職業」「結婚」
遠山(2006)	小中学	「規範に関する期待」	「人格面での成長」	「将来の進路に関する期待」
石橋・堂野(2006)	児童及保護者	「社会性」「社会貢献」	「自主性」「よい子」	「進学・就職」
中井(2007)	小学4～6年	【他者を思いやることへの期待】「人に迷惑をかけない」「友達を大切にする」「みんなに好かれる」「困っている人を助ける」		【上を目指すことへの期待】「よい成績をとる」「将来一流の大学や会社に入る」
中山(1992)	小学生	「他の人を思いやる(家)」「友だちと協力する(学)」「規則や善悪を身につける(家)」	「生活習慣を身につける(家)」「考えをはっきり言う(学)」	「教科の学力を伸ばす(学)」「身体・運動能力を伸ばす(学)」「進んで勉強に取り組む(学)」
谷脇・藤田(2006)	幼稚園保護者	「自己抑制の期待」		「自己主張の期待」

先行研究[42]で二次的因子として抽出された「社会的評価」と「自己実現」の二つの因子とも共通するものである。ただし、その研究で示された自己実現というのは、かなり幅広い概念であり、ここではむしろ個人志向性ということで位置づけ、学業や進路、就職に関するものを表の下側においた。

表の上側にあるような社会性や対人関係に関する内容は、発達的な期待において、子どもが小さい時によく見られるようなしつけに関するものから、友達との関係や集団生活に関するものである。そして、個人の性格特性や将来の社会生活につながるものは中央に配置し、「人間性（性格）」として分類した。

親の期待内容について調査を行い、二因子「他者を思いやることへの期待」「上を目指すことへの期待」を抽出し、この二つが逆相関していることを示した研究もある。[43] つまり、社会志向性に関するような「他者を思いやることへの期待」と、個人志向的な「上を目指すことへの期待」は、正反対の因子であり、その両方を期待され、またこの二つを実現することは、大きな矛盾を抱えることにもなり得る。さらに、「上を目指すことへの期待」が女子に高いことに注目し、「一昔前は男子によい学校に入ることへの期待が高かったが、現在は全く逆転し女子にその期待が向けられている」と指摘されている。

また、それまでの研究で扱う期待の内容が研究者ごとに異なっていたので、まずその期待の内容について確認する必要を指摘し、大学生・専門学校生を対象に質問紙調査をした研究もある。[44] その結果、父親母親ともに「社会的スキルの獲得」「就職・学業期待」「学校への適応」の三因子を抽出している。これは、【表1】で示した社会志向に関するのが「社会的スキルの獲得」であり、個人志向では、「就職・学業期待」であり、その両方を含むものとして「学校への適応」があると考えられる。

発達的な期待の内容について、子どもの動機付けの社会化に対して、両親の信念や期待、またそれにもとづく社会的強化の行使が、大きな影響を及ぼしている、という視点からの研究もある。[45] そこでは、母親が実際にどのような達成領域に対して価値を置き、子どもたちにその達成を期待しているかに関して、子どもの学年や性別・出生順位との関連について検討されている。その結果、学年差については、小学一～三年生ごろは教師との関係は多くの点で親の代理のような関係であるが、その後、次第に個人的関係が減少し、教授者－管理者としての教師の役割への期待が顕著になってくる。また、家庭においても学校においても学習に関わる達成期待は、学年とともにほぼ線型的に増加してきている。これは、受験という問題がまだそれほど切実なものとはなっていない小学校段階から、すでに学業達成に対する社会的圧力が徐々に高まっていくことを確認する結果である。一方で、低学年では比較的期待の高かった「友達と仲良く協力する」や「他の人を思いやる」などいわゆる「社会性」に関する内容は、発達とともに減少しており、社会的なものを重視する価値観から徐々に学業達成を強調するような期待に変化していることが示された。なお子どもの性別や出生順位による期待の違いはほとんど見られなかった。

このように、子どもへの達成（発達）期待においても、小学低学年では友人関係など社会志向的な期待が強いが、学年が上がるにつれ学業達成など、個人志向に関する期待が高くなるというのは、現在の子どもたちにとっては非常に大きなことであり、プレッシャーを感じていると考えられる。一方、青年が認知する親からの期待に関する測定尺度も作成され、その結果、「進学・学業期待」「社会への適応期待」「就職期待」「従順・見栄期待」「苦労への報い期待」の五因子が抽出されている。[*46] 子どもの認知においても個人志向的な内容から社会志向的な内容まで幅広く感じており、さらに親の期待の背後にある親の思いまで感じ取っていることが分かる。精神科医からの報告事例においては、勉強とともに、子どものスポーツ・芸術に関する《親の期待》について取り上げられている。[*47]

以上みてきたように、子どもへの《親の期待》の内容は、子どもの発達に応じて少しずつ変化するところがあり、その発達段階に応じた達成（発達）期待として理解できる。子どもが小学生低学年の段階では、友達との関係など社会性の発達に関するものが中心であるが、年齢が上がるにつれて、学業や進路に関する個人志向的な期待が大きくなると考えられる。これは、最近の家族内殺人事件の背景ともなっている、教育葛藤につながる問題であり、[*48]親の勉学や進学・進路に関する期待は、特に思春期・青年期の子どもにとっては、大きな問題である。ただ、この個人志向的な勉学や進路に関する期待そのものは、多くの親が抱く自然な感情であり、その期待がすぐに問題であるというようには考えられない。つまり、そこには各家庭における特有の期待内容が考えられ、またその期待を子どもがどのように受け止めているかのほうが、より重要であると考えられる。

最後に、このような《親の期待》に関する研究について、概観が行なわれ、その課題として、以下の三点があげられている。[*49]

（1）子どもに対する期待の効果がプラス・マイナスの両方があり、一致していないこと。
（2）一領域に絞った期待の検討か、複数の領域を取り上げるかの問題。
（3）認知の多様性、つまり親の意識と子どもの認知の相互性の問題。

つまり、これまでの《親の期待》に関する研究は、期待の意味付け、効果が、プラスの場合とマイナスの場合があり、一貫した結果になっておらず、それには期待の定義そのものが明確になっていないことが影響していると考えられる。また、領域についても、すでに検討したように非常に多様な領域・内容があり、そこには子どもの発達段階というものも関係してくる。さらに、《親の期待》に対する親の意識と子どもの認知のずれの問題もあり、子どもの期待の認知つまり期待をどのように受け止めたかには、親との関係性という要因が入り込んでくるので、期待に関する研究はより複雑になる。

〈第二節〉　子どもから見た親の期待

以上のような《親の期待》に対し、多くの子どもは、親からの承認を求めて、その期待に応えようとする。[*50] しかし、そこには親との関係性やその発達段階、さらにはその期待の領域・内容によって、そのまま受けとめて期待に沿おうとするか、あるいはそれを負担と受けとめ、ストレスを感じるかは、子どもの認知により大きく異なってくる。つまり、《親の期待》の影響といった場合、そこには「それを子ども自身がどのように受け止めているか」という、子どもの側からの認知の問題が大きく関係してくる。これまでの研究においても、《親の期待》とともに、それを「子どもがどのように認知し、それが子どもの性格形成や適応の問題にどのような影響を及ぼしてきたか」に関する研究がいくつかみられる。

子どもはどう認知するか

《親の期待》や教育目標は、子どもに対する働きかけを通じて子どもに「推測」され、子どもはそれらをみずからの目標とするかの判断を行い、それが「内在化」されていったとき、初めてそれはみずからの目標となる[*51]【図1】。

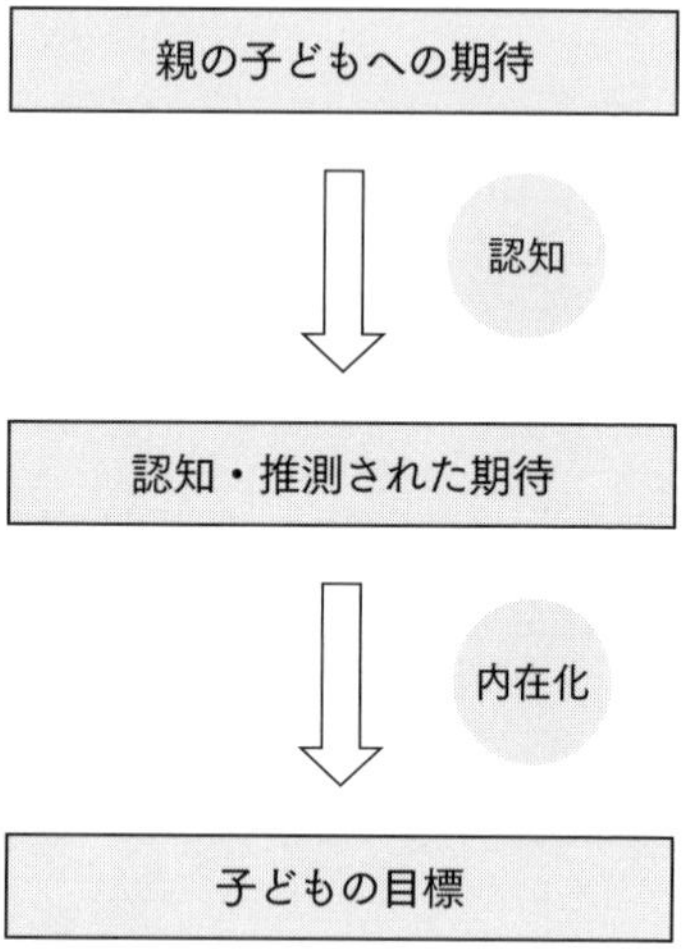

図1　遠山を参考にした期待の認知

この研究では、これまでの議論を概観するなかで、子どもが《親の期待》から影響を受ける際に、親と子どもの関係性が教育効果に影響することが示唆され、さらに、「親子関係が〝よい〟場合に受け入れが促進されるとき」と「関係がよくない場合に期待の受け入れが促進される」という二つの方向性が示されている。

親子関係がよい場合、つまり親子の間に信頼関係が形成され、良好な関係である場合には、子どもが《親の期待》を素直に受け止め、できるだけその期待に沿おうと努力するのだろうと考えられる。他方、親子の関係がよくない場合は、子どもは「親から見放されるのでは……」という不安を感じ、親の信頼・承認を得ようと必死になり、《親の期待》に応えることで親からの信頼・承認を得られるのではと考え、期待の受け入れが促進されるのである。

また、子どもが親に「期待されること」はどのような体験として受け止めているかを、次のようにまとめたものもある[*52]。

①　期待されること自体は、「自分は期待されるに値する存在である」と感じ、自分を価値ある存在と思える。つまり認められる体験でもある。一方、期待に応えられないと認めてもらえないという不安も同時に存在する。期待と不安は分かちがたく、ともに存在する。

②　望ましさの基準としての期待、「何を期待されているか」が分かれば、「どのようなことをすれば親に認められるか」が分かり、子どもは心理的に安定する。そして、社会的に望ましい行動をとるための指針となり、子どもの社会化、社会的適応の後押しとなる。

③　期待に応えるプロセス、つまり、期待に応えようとするプロセスも子どもにとっては重要な体験であり、親に認められようと努力し、いろいろな工夫をしたり、周りに協力を求めたりする。それによって自己肯定感が増したり、努力することの価値を見出したりする。

④　「期待に応えること」の意味、期待に応え、達成することは、親から認めてもらえ、自分自身も達成感を味わえ、それを親と共有できるという喜ばしい体験となる。ただし、いつも期待に応えられるとは限らず、特に大きな期待であれば、達成できないという可能性も大きい。また、せっかく達成しても全くほめてもらえなかったり、他者と比較して低く評価されたりすれば、子どもは失望するとともに自分と親への信頼を失ってしまう。

このように、親に期待されることに対する子どもの認知としては、期待されること自体が自分の存在価値を高め、また、望ましさの基準として、社会性や適応力を高めている側面があり、さらにその期待に応えようと努力することに意味があり、期待に応えられたときには、さらに自己肯定感を高め、子どもの自信にもつながる。その一方で、期待されること自体が、常にそれに応えられるかという不安を伴い、実際に期待に応えることができないと、自分や周りへの信頼も失い、自己評価が低くなることが考えられる。

「子どもが親の期待をどのように受け止めているか」を尺度によって捉えようという試みもあり、ポジティブ・ネガティブの両側面から期待が捉えられ、「積極的受け止め」「負担的受け止め」「失望回避的受け止め」の三因子が抽出されている。[*53]

さらに、《親の期待》の認知には、その親との〝関係性〟という要因も関係してくる。「親への対立」や「親への服従」関係は、《親の期待》が負担感につながる可能性があり、「一人の人間としての親」という関係では、期待からの影響は全く受けていない、ということを示す研究もある。[*54]

また、子どもの認知している親子関係が、子どもの「親の期待に応えようと思う」という意識にどのような影響を与えるか、についての検討もある。[*55] 小学生と中学生を対象とした調査では、いずれも親子関係がよい方が《親の期待》に応えようと思うこと、母親との関係がよい方が母親の期待を多く認知していることが示唆された。また、小学生と中学生では《親の期待》の受け止め方が異なることが示され、小学生は基本的には《親の期待》に「こたえるもの」であると考えているが、中学生は基本的には《親の期待》には「こたえないもの」であると考えている。つまり、小学生と中学では、《親の期待》に対する姿勢が、全く異なるということであり、これは、思春期である中学生の心性とも大きく関係していると考えられる。小学生（特に低学年）にとっては、親の存在はまだ絶対的であり、親に評価され、認めてもらえるようにできるだけ《親の期待》に沿うように頑張るが、中学生（思春期）になると、親との距離感あるいは反抗心が芽生え、《親の期待》に沿うことが絶対的なものではなくなるのである。

その検討のなかでは、子どもの認知した《親の期待》に対する期待肯定得点と期待否定得点の間に有意な負の相関が見られなかった結果から、《親の期待》に応えるかどうかについて、「『こたえる――こたえない』の一直線上で方向性を論じることは難しいのではないか」と述べられている。これは非常に重要な指摘であり、子どもが《親の期待》に応えるか、否かというのは、単純に、親子の関係性やその内容のみによって、応える――

応えないの二者択一的に捉えられるものではなく、そのときの状況や家族関係、また、これまでの家族での生活の経験などを踏まえた、さまざまな要因が関係し、複雑に絡み合って受けとめられていると考えられる。

《親の期待》の認知において、親との関係性に関連するものではあるが、「実際に親が子どもにどのように関わっているか」という日頃の養育態度との関連も検討されている。

子どもによる親の養育態度認知と《親の期待》認知との関連については、次のような検討がある。[*56] 親の「情緒的支持」を高く感じる子どもは、人間的な成長や友人関係といった「自己実現」を期待されていると感じ、「勉強・学歴」といった社会的評価はそれほど望んでいないと感じている。他方、親の養育態度として「同一化」の高さを感じる子どもは、親に勉強・学歴などの「社会的評価」を期待されていると感じている。これについては、「同一化の強い親ほど、子どもに対する〈社会的評価〉を自分自身の〈社会的評価〉として捉え、子どもに対して〈社会的評価〉を得ることを期待する傾向が強い」と考察している。これはまさに親が、子どもを自分の延長線上に位置づけ、自分の分身として、親の願望を子どもへの期待という形で表現している（押し付けている）と考えられる。

青年期の子どもが《親の期待》をどのように認知するかという視点に立ったとき、その受け止め方によって期待への理解・対応も異なってくる。親からの心理的自立を目指している青年期において、親の期待にどのように向き合うかということは、重要な問題であり、親の期待に取り組んでいく側面を、質問紙により明らかにしようとした研究がある。[*57] その研究では、親の期待に対する反応様式を包括的に尋ねる質問項目を作成し、親の期待に対する「積極的受容」「反発」「折り合い」「自分の生き方の尊重」「軽視」「表面的迎合」「答えることの限界の認識」「負担感」の八つの因子を抽出している。この結果より、青年期の子どもはさまざまな対応を工夫していることが分かる。そして、親の期待を感じているほど、「期待による負担感」が強く、また男性では、期待を強く感じているほど、「反発」や「応えることの限界」を感じており、女性では、期待を強く感じているほど「表面的な迎合」を示す傾向があり、性差による受けとめ方の違いも示されている。このように、親の期待の受け止め方は、性差によって、微妙に異なってくるところもある。

さらに、大学生が、親からの期待をどのように捉え、どのように対処しているかを質問紙調査と面接調査により明らかにしようとした研究がある。[*58] それによると、子どもが《親の期待》を否定的に捉えたときの対処について、五七回答のうち一九回答が「いや」と感じても「期待に応じた」という対処を取っていることに注目している。つまり、期待に沿いたくないと感じながらも、それを伝えられずに、無視したり聞き流したりできずに、沿うように応じたという者がかなりの割合でいたということである。さらに、「重荷に感じた」と回答した七回答のうち四回答が、期待に応じたという対処であり、期待に応じようとすることが重荷につながっているのでは、と考察している。さらに、個別の面接では、《親の期待》を否定的に捉えている事例においては、動的家族画（ＫＦＤ）において親との距離が離れていたり、親の方を向いていなかったり、親が自分を見ていない構図が描かれたりしていた。このことから、期待を否定的に捉えたにもかかわらず親に抗うことができないことは、非常にストレスフルな状況を引き起こすこと、親からの期待に何も疑問を抱かないようなあり方は、将来的に自立をめぐる葛藤を引き起こす恐れがあることが推測される、と考察している。

この研究に示されるように、《親の期待》に対する子どもの認知はかなり複雑であり、「沿いたくない」と感じながらも、それを無視したり聞き流すことができず、応じてしまったり、家族画で示されるように無意識のレベルでは拒否しているにもかかわらず、表面的には《親の期待》に応えていたりするというところがある。したがって、必ずしも《親の期待》に応えているからといって、《親の期待》を受け入れているとは言えず、子どもの《親の期待》に対する思いとしては、簡単に割り切れるものではない。非常に複雑な思いが、子どもたちの心のなかで起こっていると考えられる。

さらには、《親の期待》の受け止め方による生活への影響や、親自身との関係性についての研究がある。[*59]《親の期待》の認知により、期待群・非期待群・中間群の三群を抽出し、不安との関係でみると、期待を中程度感じている中間群が、最も不安との親和性が高いことより、「中程度の、何となく《親の期待》を感じることは、はっきりと《親の期待》を感じないものと比べて、必ずしも好ましいとは言えない」と考察している。また、親に期待されていると感じる方（期待群）が、子どもは勉強に自信を持っており、学校生活を楽しみ、満足しており、さらに友だちもたくさんいるという結果であった。一方、中間群は、友だちがいるとはっきり明言できるものは、期待群の半数であった。

つまり、中間群は、友だち関係が希薄であり、友だちと明言できる関係性の自信がないということである。このように、親からの期待を中程度（ときどき）感じるという子どもたちにとって、その日常生活は非常にあいまいで、学校生活や友人関係など希薄であり、むしろ非期待群よりも深刻であり、子どもによる期待の受け止め方により、子どもの日常生活への影響も大きく異なってくる。

このように、親との関係性によって、同じように親と会話をし、期待されていても、その受け止め方は微妙に異なってくることが考えられ、《親の期待》の影響というものは、親がこのような期待をかけると、子どもは負担に感じるとか、子どもの肯定感につながると、簡単に結びつけるのは難しいようである。そこには、子どもの認知という要因が関係しており、さらに、その子どもの認知も、単に《親の期待》を肯定的／否定的に受け止め、期待に「応える―応えない」の一直線上では捉えられないのではという指摘や、「期待に沿いたくないと感じながらもそれを伝えられずに、無視したり聞き流したりできずに、沿うように応じたという者がかなりの割合でいた」という知見は、《親の期待》がそれだけ大きな影響力を持ち、それに対して子どもたちが応えるか拒否するかという簡単な問題ではなく、非常に複雑な対処を迫られているということを示している。

《親の期待》を子どもがどのように認知するかについては、親（特に母親）と子どもの関係だけではなく、家族全体での関係性やイメージなどが関わってくることも考えられ、次のような検討もある。[*60]

そこでは、《親の期待》が子どもに伝わる道筋として、①どのような形で伝えられるか、②親が子どもをどのように理解し、どのような側面を伸ばそうとしているか、③子ども自身が親の期待や価値観をどのように捉えているか、④どのような関係があれば、よりよく伝えられるか（家族の相互関係）、という視点から検討している。そして④の「家族の相互関係」について、不在がちな父親のイメージを、サポートするような母親の働きかけや家族メンバー相互にイメージを支えていくことで、直接観察できない親（父親）の活動についてもイメージを作り出すことが、期待の伝達においては重要であると述べている。

子どもの性格特性

子どもの性格特性については、「環境としての親の期待」[*61]の影響によって形づくられてくる側面が大きい。それは、親が子どもに関わり、しつけをしたり、養育する過程において、無秩序に行っているわけではなく、親自身のもつ考え、価値観によっておこなっているからであり、それは《親の期待》というかたちで子どもたちに伝わっていくのである。この《親の期待》が子どもの性格特性や心の成長にとってどのような影響を与えているのか、に関する研究もこれまでにいくつかみられる。

まず、青年が認知する親からの期待測定尺度を作成し、その尺度を用いて、《親の期待》と子どもの完全主義傾向との関連を見た研究がある。[*62]その結果、父親、母親いずれからの期待が高いと子どもの完全主義傾向も高いという結果を示している。

また、大学生を対象として、親からの期待を感じる群のほうが「自尊感情」や「アイデンティティ」の達成が高いことも示されている。[*63] つまり、親からの期待が子どものアイデンティティ形成に何らかの影響を与えているということである。親の期待の受け止め方とアイデンティティの関連について検討し、自己の同一性が確かであるほど、期待に対し表面的な迎合や負担感を示すことが少なく、期待に対して「自分の生き方の尊重」という反応様式で対応していることが示されているものもある。[*64]《親の期待》と養育態度が子どもの自己調整能力の発達にどのような影響を及ぼしているかについても検討されている。[*65] 年少児においては自己調整機能に親の影響は見られなかったが、年中・年長の男女児においては、親の自己主張期待は、親の受容と同一化を高め、受容の方は子どもの自己主張性を高めるという結果を示している。また、親の自己抑制期待は、男児において親の統制・介入を強めるが、これは子どもの自己抑制に影響を与えていないということであった。

他者志向的動機づけを規定する要因のひとつとして《親の期待》をとりあげて、検討したものもある。[*66] そこでは、《親の期待》は、子どもに肯定的に認知され動機づけを高める場合もあれば、否定的に認知されプレッシャーとして感じられる場合もあることが指摘されている。また、《親の期待》が子どもの自己効力感と孤独感に及ぼす影響について検討したものもある。[*67] そこでは、仮説とは逆の結果が示され、孤独感が低くなるほど《親の期待》に応えられていると感じ、また自己効力感が高くなるにつれ期待に応えられていると感じていた。その検討における仮説では、「親の期待に応えているのは、過剰適応であり、ネガティブなものとして受けとめ、孤独感が増し自己効力感が低下する」と考えているが、おそらくその質問紙で問われていた内容は、過剰に期待に応えているという状況ではなく、《親の期待》に応えていることが子どもにとってはポジティブな評価につながり、自己効力感を高めていたのではと考えられる。

このように、《親の期待》と完全主義傾向、アイデンティティ、さらには自己調整機能や孤独感との関係について、何らかの関連があることが示されているが、それは子どもの発達段階や受け止め方（認知）により、ポジティブに作用したり、ネガティブに作用したりすることが示されている。

また、「親が子どもに期待することで、子どもがそれに応えて何かをしようというときには、自分の意思を抑えて無理にそれに合わせようとするのではないか」という視点より、過剰適応や〝よい子〟との関連も指摘されている。

女子高校生において認知している親の養育態度と親からの期待、過剰適応や〝よい子〟との関連について、検討されている。*68 その結果、親の養育態度が「受容的統制型」の場合は、周りとうまくやっていく人になってほしいという期待を感じる人ほど、周りに左右されやすく、自分に対する自信が低いことが示された。また「否定的自律型」の養育態度の場合、円滑な対人関係を作ることができる子どもになってほしいという《親の期待》を感じているほうが、過剰適応傾向が高くなり、他者に左右されやすいという傾向が示されている。これに対しては「一貫しない養育態度（受容的統制型・拒否的自律型）の場合、期待が高いと過剰適応傾向が高くなることが示された」というように考察されている。これは非常に興味深い結果であり、《親の期待》や養育態度が一貫していない、つまり、子どもを受容的に受け止めつつ、コントロールしておきたいというように、親のほうに揺らぎがあるときに過剰適応が生じやすいということであり、《親の期待》のあり方が問題になると考えられる。

〝よい子〟の心理社会的発達を検討するための質問紙調査もおこなわれている。*69 〝よい子〟の特徴について、「自己の抑制・喪失」と「他者の意向に沿おうとする」の二つの因子を抽出している。ここでとりあげられている「他者の意向に沿おうとする」は、《親の期待》に対する場合が多いと考えられる。しかし、「他者の意向に沿おうとする」特徴は、因子としての信頼性が低く、「よい子」の特徴としてはやや妥当ではないかもしれない、と述べている。さらに、他者の意向（期待）に沿おうとする傾向が高まるほど、「自律性」は阻害される反面、「親密性」が促進されるということが示されたが、これが真の親密性を示しているかは検討の余地があるということである。つまり、ここで示された親密性は「偽りの親密性」の可能性があり、一見、相手に合わせて、意向に沿っているように見えるが、それが本当の意味での親密性（関係性）であるかは疑問が残るということである。

過剰適応や〝よい子〟との関連で、ウィニコットの〈偽りの自己〉という視点も参考になる。親子関係における親の意向と子どものその受け止め方について、対象関係論の視点から検討したウィニコットは、母親のホールディングの機能がうまく機能しないと、さまざまな病理的な問題を呈すると考えている。つまり、赤ん坊は、侵害に対する絶滅の不安や、抑うつ不安に対して、特殊な対処法を形成し、それは過剰適応的なものであり、〈偽りの自己〉と呼ばれるものである。それは、表面上は社会に適応していたり、治療などにおいても協力的であるが、〈真の自己〉の世界体験を巧妙に隠すものであると述べる。つまり、《親の期待》など、外から迫られるものに対し、〈偽りの自己〉といわれるような、迎合的な自己を形成し、表面上の適応を図ろうとするということである。[*70]

このように、《親の期待》やそれを含む親の養育態度によって、子どもの完全主義傾向やアイデンティティ、過剰適応、自己効力感や孤独感との関連が検討されており、また子どもの自己調整能力や他者志向的動機付けなど、発達的な側面においても何らかの関連性があることが示唆されている。

さらに、《親の期待》に沿おうとする態度は、いわゆる「よい子」としての態度や〈アダルト・チルドレン〉とも関連すると考えられ、検討されている。しかし、先に紹介した研究で示されたように、[*71]その関係は一対一で対応しているわけではなく、「親との関係により、期待の認知は異なってくるし、逆に期待される経験によって関係性が変化することもある」と述べるように「両者は相互に影響し合っている」という理解が必要である。

その意味では、たとえば「親の期待を土台にしたアイデンティティ形成の経路の解明[*72]」ということも、重要なテーマになってくる。また、親の養育態度についての研究[*73]でも示されるように、受容的であったり統制的であったりといった一貫しない養育態度は、子どもにとっては理解が難しく、より多くの影響を与えているのである。

子どもの適応

最近の子どもたちの適応の問題に関して、さまざまな課題が指摘されている。学校現場では不登校の問題をはじめ、いじめや暴力行為、万引きやひきこもり、心身症や神経症など多くの問題が考えられる。

そのなかでも特に、子どもによる家族内での殺人について、学校の成績が下がったことを知られると父親に叱られると思って、衝動的に親を殺したというような、いわゆる教育をめぐる親との葛藤（教育葛藤）に注目した指摘もある。[*74]それによると、これまでの家族内での殺人（子どもによる親の殺害）を一九七五年から調べると、昔は親の問題行動、つまり親のギャンブルや酒乱、借金などがあり、そのような親への怒りとして殺人があったが、最近はそれよりもむしろ教育葛藤といわれるような理由が増えているとされる。

親と子の教育・進学をめぐる葛藤があり、それには二つのタイプが考えられる。一つは優等生への過剰期待が、暴力などによる圧力となり、さらにその期待に応えられないと激しい見下し・侮辱を加える親に対する怒りとしての殺人である。もう一つは、学業不振の逆ギレのパターンで、親としてはせめて人並みの勉強、学校へという思いで親からの叱責を受け、それに逆ギレするかたちで殺人に至るタイプである。この二つのタイプは、いずれも親の子どもへの過剰な期待やせめて人並にという《親の期待》により、子どもの逃げ場がなくなり、殺人に至ると考えられる。このように、最近の教育葛藤をめぐる親子の間でのトラブルや事件など、多くの場合に《親の期待》のあり方が関係しているのである。

《親の期待》は、それが過剰になり、子どもの思いとずれが大きくなると、子どもの自尊感情が低下し[*75]、また、《親の期待》に応えられなかったりすれば、あるいは、応えられたとしても、全くほめてもらえなかったり、他者と比較して低く評価されたりすれば、子どもは失望するとともに自分と親への信頼を失う[*76]ことになり、日常生活における適応にも問題が生じるのである。

《親の期待》のあり方について、「イメージ」の視点からとりあげ、子どもに期待しない親はいないし、この期待により子どもは豊かに育っていくのであるが、その期待は「イメージ」によって支えられている、という考えも提示されている[*77]。

つまり、《親の期待》が過剰期待になるとき、その期待が子どもの「現実」から離れているだけでなく、「イメージ」からも離れ、独り歩きをすることになるのである。期待をイメージとして、どのように膨らませても、それがイメージである限り、過剰になることはない。そのイメージを夫婦や家族で語り合うことができるし、子ども自身とさえ話し合うことができるのである。それは子どもとの豊かな日常生活を支えてくれる糧となり、子どもを強制したり支配したり、追い詰めたりすることにはならない。

しかし、不登校の家庭では、このようなイメージを家族のあいだで話し合ってきたような雰囲気が乏しいため、文字どおりの現実が優先し、夢を語ったり、ありもしないことを思い浮かべて話しあったりすることはタブーとなっていく。そのような雰囲気のなかでは、子どもへの期待はイメージからかけ離れ、かくあるべきという観念的になっている。そのような期待のあり方が、子どもたちを追い詰めていくのである。つまり、豊かなイメージの世界から離れ、こうあらねばならないというような期待は、子どもたちを窮屈にし、追い詰めていくことで、適応上の問題として表現されるのである。

さらに、親子関係における「一体感」と「個別性」という視点から《親の期待》を捉え、そのバランスの崩れからくる子どもの不適応の問題も考えられる。これは、子どもからすると、「依存」と「自律」をめぐるテーマでもあり、特に、思春期においては、大きな課題である。この時期の《親の期待》のもつ難しさは〈期待という名の罠〉という言葉でも表現されている。[*78] そして、親の期待する「一体感」と「個別性」のバランスが、子どもが望むバランスと一致しない場合、子どもにとっては大きなストレスとなり、何らかの精神的・身体的症状となって現れる、とされている。さらに、そのギャップは、中学以降の青年期に表面化しやすいのである。

また同じ論考において、不適切な期待の内容として、親が子どもにもつ〈負の期待〉、つまり「この子にはそんなことはできないだろう」「この子は失敗する」といった、意志や能力に関して、過小もしくは否定的な期待をすることを指摘している。このような〈負の期待〉に反応して、子どもは否定的な自己像を形成し、実際にそのイメージに対応した行動を示すようになる。このような負の悪循環により、適応上の問題を生じることもある。

期待に沿おうとする子ども

これまで見てきたように、《親の期待》と子どもの性格特性においては、「完全主義」や「過剰適応」などが考えられてきたが、最近、マスコミなどでよくとりあげられるのは、いわゆる〝よい子〟の問題である。この〝よい子〟というのは、「周りの人との関係の中で、自分の肩を持ってくれる人に気に入られようとして、自分の感情を抑えてでもその人の期待にこたえようとする『自己抑制型行動特性』を持つ青年[*79]」とも定義されているが、小さい頃より親の言うことを素直に聞いて、何でも受け入れていき、親にしてみれば非常に育てやすい、手のかからない子ということになる。そういう意味で、親にとっては非常に都合がいいのであるが、最近は、そのような〝よい子〟が突然学校に行けなくなり、また突然キレて、重大な事件を起こすということも見られる。そういう点から考えると、《親の期待》に素直に沿っていく〝よい子〟というのも、《親の期待》との関係では重要なテーマになってくる。

「揺れやすい心」を持った子どもたちにとって、あらゆる場面において親からの支持が必要であり、そうした子どもたちは「親の期待に沿わない自分は見捨てられてしまうのでは」と不安に思う。[*80] しかも、期待に応えられなかったときの、親の怒ったり悲しんだりする様子は、子どもたちにとっては、自分の存在を揺るがす、大きな全面否定に感じられてしまう。さらに、親の願いや期待は、さまざまな形や意味を変えたメッセージとして、子どもたちの心に侵入していく。疲れ切った忙しい親や悲しみに沈んだ親たちの心は、子どもたちに「助けて、手のかからない子になって、早く大きくなってね」というサインを送ることになり、感度の高い性能のアンテナを持った子どもたちは、それらを全部受け取り、それらに必死で応えることでしか親から受け入れないと思い、親の愛情と承認を失わないための努力をし続けてしまう。

こうして親にとっての〝よい子〟に自分を仕立てていくしかないのである。そして、《親の期待》に懸命に応えつづけ、自分の気持ちを抑え込んできた心の苦しみは、さまざまな形をとって溢れ出る。それは、行動であったり、心身症として身体に出たり、無気力や抑うつ感などの心の歪みとして表出するしかないのである。

さらに、長年、子どもやその保護者との心理カウンセリングをおこなってきた臨床実践の経験から、《親の期待》に沿おうとする子どもの心理を〝よい子〟の視点から考察し、〝よい子〟の「よい」とは、価値判断の結果である、とする指摘もある。[*81] その価値判断の基本にあるのは「査定」する目であり、その判断の主体はだれかというと、「大人」である。しかし、その大人の価値判断が社会全体の価値判断としてゆるぎないときは問題なかったが、現代は、その価値判断が揺らいできていると指摘する。これは、社会全体の価値観が揺らいできているという現実から来ているものであり、あるいは価値が多様化してきているという現代社会の揺らぎとも関連してくると考えられる。

また、〝よい子〟に近い用語に、〈アダルト・チルドレン〉という言葉がある。これは、本来、アルコール依存症の親のもとで成長して育った人に対して言われてきたものであり、それは四つのタイプに分けられるということである。[*82] つまり、①行動化する子どもたち、②責任者のタイプ、③調整役のタイプ、④順応者のタイプ、である。①は、いわゆる問題行動として表現するタイプであり、②③は、家族内でみずから責任を引き受け、親に代わって責任をとり、また自分の生きる場所が安定するように親の気持ちをくみ取って調整するタイプである。④のタイプは、目立たず、親の迷惑にならないようにし、親を困らせたりしないし、また喜ばせたりもしない、ただ存在するだけの子どもである。そして、このような子どもの親は「うちの子どもはとってもいい子です」と言う。このような子どもがいわゆる手のかからない、素直な〝よい子〟であるが、その奥には期待に応えようと必死に頑張っていたり、見捨てられる不安を感じていたりする。

子どもにとっては、家族は決して逃げることのできない場所であり、逃げられないとしたら残された方法は、ただ一つ、その場に適応するだけである。適応するとは、《親の期待》に沿って生きることである。そして、それこそが〝よい子〟である。つまり、「よい子は、大人の期待によって発生し、大人との関係に適応するためにはそれを選択するしかなかったのである」[*83] ということである。

また、〈アダルト・チルドレン〉と家族との関係において、〈機能不全家族〉のなかでも、特にアダルト・チルドレンと相関の高かったものに「期待が大きすぎて何をやっても期待にそえない家族」であるという結果を示したものもある。[*84] つまり、あまりに期待の大きすぎる家庭においては、子どもは周りに気を遣う〈アダルト・チルドレン〉になる可能性がある。なお、〝よい子〟への期待として、《親の期待》が強過ぎで、子どもらしさが否定されたり、子どもの発達段階に合わない仕方で強制されて〝よい子〟である場合には、後に復讐的、反抗的な子どもの反応に出会うことになる、とも述べられている。[*85]

〝よい子〟を作り出すのは、「よい親」「よい教師」であり、そこで親が考えないといけないのは、①自分の支配性の認知、②援助の等価性、③子どもを信頼する、の三点であると言われる。[*86] これは、《親の期待》に関わる心理臨床においても大きな示唆を与えるものである。特に、①の「自分の支配性の認知」（自分がどれだけ心配し不安になる傾向があるかを知っておくこと）というのは、《親の期待》においても十分に考えられることであり、《親の期待》のあり方を検討するうえでも、重要な視点となる。

〈第三節〉　心理臨床における親の期待

心理臨床の場面における《親の期待》に関して、どのような理解や関わりがなされてきたのかについて、これまでの研究を見てみると、事例研究において、きちんととりあげられたものはほとんど見られない。しかし、心理臨床の実践においては、特に不登校などの思春期の問題を抱えた保護者との面接において、この《親の期待》の問題がしばしばとりあげられ、報告されている。

不登校と過剰な期待

例えば、小学二年生の不登校児の母親面接を通じた報告がある。[*87] その報告では、《親の期待》とあせり、あきらめの気持ちが入り乱れるなかで『祖父母や近所の手前を考え、登校させることをあせりました。あの子がどんな振る舞いをしても、動揺しません。……もうあきらめました』と泣きながら話す、というエピソードが紹介され、面接の過程において「期待と失望の大きな振幅が、子どもの命と成長のリズムを実感したときから、狭まっていったようである」と述べられ、その後、子どもが登校を再開した事例が報告されている。

また、親の子どもへの関わりにおいて、期待は、愛するものへの贈り物であり、『期待していない』と言われると、子どもは無力感を感じ、悲しみを感じる。しかし、贈り物であるはずの期待が子どもの生き方を不自由にすることがある、と指摘し、その例を挙げたものもある。[*88] 中学生の息子に対し、父親が「お父さんの納得できる試合ができれば」テニスラケットを買ってやると約束をし、期待をかける。そのとき、子どもは困惑した表情を見せていた。つまり、「お父さんが納得できる」とはいったいどういうことか。つまり、期待があることだけを感じさせて、どんな期待かは明らかにしない。それは「得体のしれない期待」であり、不気味であり、子どもを困惑させる。そして、面接場面での、穏やかで変化のない父親の表情から、いつもその期待の方向を読み取ろうとする子どもの必死の努力は、子どもを疲れさせていた。これは、家庭のさまざまな場面でこのような期待のかけ方、受け取り方がなされるのが常だったのだろう、と述べられ、《親の期待》のもつ子どもへの影響について考察されている。

このように、不登校の子どもへの支援において、母親を中心とする保護者へのアプローチがなされるが、その際に、親の持つ子どもへの期待のあり方が主要なテーマになることがいくつか指摘されてきている。

そのなかでも特に《親の期待》の高さ、いわゆる〈過剰期待〉といわれるものが、心理面接においても指摘されることがある。不登校や不適応への支援として、家庭においては、親の子どもへの期待感が子どもに強い不安を喚起することがあるので、過剰な期待をしないようにすることが指摘されている。[*89、90、91]

特に、勉強をはじめスポーツや芸術の分野で親が過剰に期待し、有名なスポーツ選手が、親の猛烈特訓に耐えて優勝したというエピソードにおいても「父親が子どもに過大な期待をよせ、『子どもの人生を親が生きた』だけではないのだろうか」と、児童精神科医の立場から述べられた報告は注目に値する。[*92] つまり、それでうまくいく場合はまれであり、子どもの人生を親が生きたために潰されてしまった多くの子どもたちが存在しているのではという指摘である。

さらに、摂食障害の子どもとの電話相談を通して、「母親はよい子の私が自分にとっては大事だったのでは、自分のステイタスというか、よい子の母親として君臨したかったのではないですか、それが見えてきたので、私はキレたのかもしれない」という子どもの発言をとりあげたものもある。[*93]

このような《親の期待》の強さ、過剰な期待の背景としては、親自身の人生を子どもに重ね合わせていたり、あるいは親のできなかった夢を子どもに託していたりするということが考えられる。[*94、95]

その一方で、「健康であること、他人に迷惑をかけないこと、いわゆる人並の生活が送れる普通の人になってほしい」というごくささやかな期待ですらも、子どもにとってはかなりの負担になっているのではないか、と事例をあげて述べた論考がある。[*96] つまり、ごくささやかな期待であっても、その受け取り方しだいで、負担となり、子どもにとっては過剰な期待となる可能性があるということである。その論考では「親の過剰な期待とは、その子どもの能力や資質を相対的に超えた親の思いである」と述べられている。それに「合わせすぎた子」とは、親に気持ちを十分に合わせてもらえなかったために、逆に過度に合わせざるをえなかった子なのである。つまり、「過剰な」というとき、それは単に量的な問題ではなく、親と子がそれぞれの思いをどれだけ汲み取り、どれだけそれに合わせていこうとするかという期待のあり方と関係しているのである。

このように、心理臨床の実践の場においても《親の期待》、特に、過剰で、子どもにプレッシャーを与えるような《親の期待》のあり方についてとりあげられることが多いが、ここで紹介した実践事例は、いずれも著者らの実践に基づく報告というかたちであり、実証的に事例研究というかたちで、《親の期待》のあり方と不登校などとの関連やその面接における経過について詳細に考察したものは少ない。

障害児・者をめぐる家族の変容

心理臨床においては、不登校や神経症などとの関係で《親の期待》の問題がとりあげられることが多いが、他方で障害児を持つ家族の期待という問題も考えられる。そこで次に、障害児を持つ親の期待について、いくつかの先行研究を参考に検討していく。

まず、重症心身障害児の母親の障害受容過程について検討したものがある。[*97] そこでは、障害児の母親二〇名からのインタビューの分類で、強い親役割意識から「努力」が先行し、それと並行して徐々に現実を認識し始めるというプロセスに注目している。つまり「障害を克服して、より普通に近い人間に育てよう」という強い期待から、あらゆる訓練方法を試したが、なかなかうまくいかず、さらに訓練中に子どもが痙攣発作を起こしたことで、「泣くことでしか訴えられない、この子の気持ちを何も聞いてあげられなかった」という気づきが生じ、《親の期待》に変化が生じている。

また、統合失調症患者の家族が持つ期待をとりあげたものがあり、その肯定的側面に注目することの意義を述べている。[*98] そして、患者の発症に対し、家族は、「患者への期待」、「社会への期待」、そして自分に目を向けた「自分への期待」という流れを提示し、その内容と支援のプロセスについて検討している。専門家による疾患に関する情報提供は、家族の困惑や戸惑いを低減することに有効であり、ある意味では「過度な家族の期待を調整する」役割も持ち合わせているが、その分、悲嘆も大きい。さらに、これまでの障害受容や悲哀などを終着点とした理論的枠組みに対し、「家族の期待や不安が家族の新たな行動や気持ちを生成していく」という、「家族の体験が持つ肯定的部分までをモデルとして組み入れる」必要性があることも指摘されている。[*99] つまり、障害受容モデルが「受容」を最終到達点として考えていると、大きすぎる期待を持ち続ける家族は「受容していない」とみられてしまうが、その障害受容モデル自体の意味や意義を見直す必要があるのではと述べている。[*100]すなわち、期待の構造とその変容の過程についてのモデルを提示し、「ひとつの期待を内包しながら次の期待を積み重ねていく」といった重層的な期待のモデルを提示している。

このように、従来、障害受容と言われたように、親の抱く過剰な期待が少しずつ変容し、等身大の子どもの姿が見れるようになることは大切である。「過度な家族の期待」が問題であるという側面からだけみるとネガティブに捉えられてしまうが、実際の障害児・者を抱える家族にとって、《親の期待》をネガティブに捉えてしまうことは、非常に一面的でもあり、《親の期待》に重層的で両義的な意味があることを、十分に理解していく必要があると考えられる。

親の期待の捉え方

これまでに見たように、期待に関する研究は、さまざまな視点から広がりつつあるが、ここではこの《親の期待》自体をどのように捉え、理解していったらよいかについて整理する。

まず、《親の期待》そのものについては、多くの研究者が述べるように、親が子どもの成長や成功を願って期待するのは当然であり、その期待そのものが悪いということではない。[*101、102、103]

次に、では《親の期待》とは、どのような内容であるかということであるが、これも【表1】でみたように、非常に多くの領域・内容があり、特にこれは子どもの発達、年齢によって大きく異なってくることが示されている。子どもが小さいときは、当然、身体的な発達に関することや対人関係など、いわゆる社会志向的な内容が多いが、小学校高学年から中学・高校にかけては、個人志向的な、学業や進路・就職の問題が大きくなる。本論においては、主に思春期の不登校などの問題を中心に扱うので、特にこうした勉強や進学の問題が中心となる。

子どもが学校に行けないということは、勉強ができなくなり、当然、学力の問題や将来の進路の問題にもつながってくるので、親にとっては勉学に関する期待が大きな問題になると考えられる。しかし、《親の期待》を、学業や生活態度といった一つの領域に絞って理解するか、期待を総合的なものとしてとりあげるかも大きな問題となる。[*104] 本論では、不登校を中心に扱うという点では、学業や進路に関する期待が多くとりあげられるが、それだけに限られるものではなく、日常の生活態度や性格的な特性まで出てくるので、そのような幅広い、全般的な領域・内容を含んで、《親の期待》として論じていく。

次に、発達的にみた場合、これまでの、中学二年の段階において勉強や進路を含めた〈個人達成〉への期待がかなり高まるという指摘[*105]や、「小学生は基本的には親の期待に『こたえるもの』であると考えているが、中学生は基本的には親の期待には『こたえないもの』であると考えている」という指摘[*106]にあるように、思春期である小学生から中学生にかけては、《親の期待》への捉え方が変化していく時期であり、それはまた一見矛盾するような捉え方[*107]でもあり、《親の期待》のあり方としても、注目されるところである。

また、本論で取り上げる事例はいずれも、小学高学年から中学・高校という年代であり、まさにこの思春期こそ、《親の期待》が勉強や進学・進路について高まっていくときであり、これは「教育葛藤」が生じやすい時期であると考えられる。[*108] したがって、本論では《親の期待》といったとき、主にこの思春期の子どもを持つ親の期待を指している。

親と子の双方における期待への理解について、「世間の期待とはまず『統制』と『秩序』であり、次に『効率性』であり、親たちは無意識のうちにこういった類の世間の基準及び期待に沿って生きることを子どもたちに強制している。子どもたちはそういった状況の中で、親の期待を必死に読み取り、また時には推測しその期待に沿って生きることを自らに強いるという傾向がある」というような捉え方もあり[*109]、また、「親は我が子の

ために と大儀を掲げながら子どもへの過剰な期待を生み出していく。親の願いや期待は、必ずしも子どもの身の丈に合った内容であるとは言えず、親の独りよがりな欲求として子どもの心に入り込むことになるのである」と、《親の期待》と子どもの思いとのずれの問題を指摘したものもある。[*110]

このように、《親の期待》に対し、子どもは基本的にはそれに沿おうとするところがある。《親の期待》に応えようという姿勢である。それは、子どもの承認欲求[*111]や、自尊感情、自己肯定感につながる重要な体験であり、むしろ自然な流れである。また、《親の期待》のあり方を「基本的課題に対する期待」（自立すること）と「選択的課題に対する期待」（どの学校を、どの職業を選ぶか）に分け、親の関わりとして基本的課題に対する期待を中心におき、選択的課題への期待は、あくまでも選択的であり、親があまり固執しないで、柔軟に対処するようにと述べているものもある。[*112]

《親の期待》のあり方については、「独りよがりな欲求」や「親の人生の重ね合わせ」という指摘もあり[*113]、非常に複雑であり、場合によって、それは子どもの思いとずれたり、過剰になったりすると考えられ、プラスの意味をもつときと、マイナスの意味をもつときがあり[*114]、両価的な側面をもつものとして、理解できる。

以上のような理解に立ち、本論における《親の期待》といった場合は、まず、思春期の子どもを持つ《親の期待》を中心に、その期待は特に内容は特定せず、親が子どもに持っている期待全体を指し、それは親の語る期待であり、また子どもの認知した期待でもあり、それらは相互に関係しているものである。またその《親の期待》は、ポジティブ／ネガティブ両方の側面をもったものとして理解していく。

第二章　あきらめの日本語臨床

〈第一節〉　文化的なあきらめの変化

本章のタイトルとなっている「日本語臨床」という言葉は、精神分析家の北山修が二十年来、研究会〔現在はフォーラム〕を続けている、精神分析の文化的な探究領域・立脚点・手法を総じて称するものである。筆者は九州大学大学院・助手時代に薫陶を受け、いまでも日頃の実践や研究において「日本語臨床」的な視点から大いに示唆を得ている。それが本章の趣旨に通底していることをまず断っておきたい。

あきらめの歴史

〈あきらめ〉〈あきらめる〉という言葉は、普段の会話のなかで使われる日常語であるが、他方で、心理臨床の場面においても、よく出てくる言葉である。[*1、2] また、この〝あきらめ〟という言葉は、どうにもならない現実に直面し、それを受け入れていくという観点から、障害受容や自己受容との関連で論じられることもある。

そこで、まず字義的な意味として、この〈あきらめ〉または〈あきらめる〉はどのような意味として日本の文化の中で捉えられてきたかを、見てみる。

もともと〈あきらめ〉は、「明らめ」という物事を明らかにするという意味と、「諦め」という物事を断念する二つの意味がある。その二つの概念が、それぞれどのような意味を含んでいるかを、以下に整理してみた【表2】。

多くの辞書において共通しているのは、〝明らかにする〟の「明らめ」にもさらに二つの意味があるということである。①物事の事情・理由をはっきりさせる、という論理的な意味と、②心を明るくする、気持ちを晴れやかにする、という心理的な意味がある。つまり物事を明らかにすることと、心を明るく、晴れやかにすることの二つの意味が含まれている。また、「諦め」は、ほぼ共通して「断念する」「思い切る」という意味である。

ここで興味深いのは、〈あきらめ〉は、もともと仏教語であり、「真実を把握して執着を断ち切ること」〔日本語大辞典、講談社〕という意味があり、時代的にも、「明らめ」が先に使われており「理由や不審を究め知る。つまびらかに見究める。事実をはっきりさせる。心の中を明るくする。晴れ晴れさせる」〔角川古語辞典〕という意味であった。そして、「諦め」は「明むより転じた語。将来に対する見通しを明らかにしたことによって、それ以上固執することを断念する意。あきらめる。おもいきる」となったのである。

また、日本国語大辞典〔小学館〕によると、〈あきらめ〉は上代〔奈良時代〕では「心を明るくする」「晴れやかにする」のように、花や景色を「見」て心を曇りない状態にし、晴れ晴れさせることをさす。中古〔平安時代〕には、自動詞となって、「心が晴ればれしくなる」ことにも使った。口頭語の世界では、近世〔江戸時代〕になると「……と、あきらむ」の形をとって「心にはっきり決める」「迷いを断ち切る」という意を表すようになり、さらに目的語を明示しない形で「断念する」ことを言う現代の「諦める」につながっていく、と述べられている。

つまり、〈あきらめ〉は、もともとは「花や景色を見て、心を明るく、晴れやかにする」という意味であり、それが近世になり、物事や将来の見通しを明らかにすることで、それ以上固執することを断念し、またそのことによって、うっとうしい胸の内が晴れやかになっていくということである。

また別の説によると、[*3]〈あきらめ〉の「あく」には、対象喪失との関連から、空間に対象を欠くことにより、そこにスペースが生まれるということから、「あく」（明、開、空）ことが含まれ、詰まっているものが除かれたり、間が広がって空間ができたりすることである。また「あく」には、飽きるほどという意味の「あく」（飽、厭、倦）にも語源的には近く、さらにそれは「実が熟す」という意味での「あき」（秋）や「あか」（赤）にも通じる、と考察している。

このように、〈あきらめ〉は、字義的には「明らめ」が先であり、それが時代の流れとともに「諦め」として使われるようになったが、現在においても〈あきらめ〉にはその両方の意味が含まれているのではと考えられる。

あきらめのこころ

このように非常に多義的な意味をもつあきらめについて、これまでの心理学的な研究について、概観した論考がある。[*4]

大橋によると、まず〈あきらめ〉の語義について、「明らかにする」「明らむ」という視点と「諦める」という二つの視点から整理できると述べている。つまり、〈あきらめ〉には二つの様相があり、一つはキューブラー＝ロス[*5]や上田[*6]に代表されるような「怒り・恨み・悩み・放棄・挫折・徒労・敗北の感情・内省しないなどが出現する状態」を〈あきらめ〉とする場合であり、第二は、「北山、[*7]松岡、[*8]山野、[*9]内田[*10]が示すように、対象を取り戻すことが不可能だと心から分かり絶望や無力感に陥ったりする中で、その苦い感傷を抱きつつも折り合いがついていくこと」を〈あきらめ〉とする場合である。

また、あきらめの概念に混乱が生じる一つの理由に、西洋と日本人のあきらめの捉え方の違いが大きく影響

表2　各辞書における〈あきらめ〉の定義

出　典	明らめる・明らめ	諦める・諦め
日本語大辞典 (講談社、1995)	①明らかにする ②悟る	希望や願いの実現は無理であると認めて、それ以上考えることをやめるこ。思い切る、断念する。
大辞泉 (小学館、1995)	①事情や理由を明らかにする はっきりさせる ②心を明るく楽しくする 気持ちを晴れやかにする	もう希望や見込みがないと思ってやめる。 断念する
日本国語大辞典 (第2版) (小学館、2001)	①明らかにする。はっきり見定める。事情などを明白に知る。判別する。 ②(心を)明るくする。晴れやかにする。さわやかにする。	仕方ないと思い切る。断念する。 語源説 1)道理を明らめて断念すること 2)うっとうしい胸の中が晴れあけてゆくこと
明鏡国語辞典 (大修館書店、2006)	①はっきりとさせる。明らかにする。	望んだことの実現が不可能だと思って、望みを捨てる。思いを断ち切る。断念する。また、仕方のないことだと知って、その事態を甘んじて受け入れる。受容する、観念する、諦観する。
大辞林 (三省堂、2006)	①事の事情・理由を明らかにする ②心をあかるくする、心を晴らす	望んでいたことの実現が不可能であることを認め、のぞみをすてる。 断念する、思い切る
広辞苑 (岩波書店、2008)	①明るくさせる ①事情などをはっきりさせる	思い切る 仕方がないと断念したり、悪い状態を受け入れたりする
岩波国語辞典 (岩波書店、2009)	①事情・理由をはっきり見定める	とても見込みがない、仕方がないと思い切る、断念する
角川古語大辞典 (角川書店、1982)	①明らかにする。理由や不審を究め知る。つまびらかに見究める。 ①事実をはっきりさせる。事実を告げ知らせる。弁明する。 ②心の中を明るくする。晴れ晴れさせる。	明むより転じた語。将来に対する見通しを明らかにしたことによって、それ以上固執することを断念する意。あきらめる。おもいきる。

①：論理的な意味　②：心理的な意味

していることが考えられる、と述べ、[*11]「北山のはかなさ」を参考に、文化による違いについても考察されている。確かに、「あきらめる」という言葉の微妙なニュアンスは、四季の移り変わりのなかで、さまざまな変化を受け入れてきた日本人の心性ともどこか通じるところがあり、西洋における受け取り方とはまた違うところがあるのではないかと考えられる。

次に、〝あきらめ〟の心理について、自己受容や障害受容との関連から見てみる。

まず、〝あきらめ〟と〈受容〉との関係について、特に「自己受容」との関連について検討されたものがある。[*12]その論考では、自己受容が「自己評価」と混同して理解される傾向があるが、自己受容は、社会的な望ましさのような価値判断を超えた没価値的なものとして捉えた方が自然ではないか、と指摘されている。そのうえで、狭義の自己受容として、「上手なあきらめ」という考え方を示し、自己受容的な人として、自己評価は低いがそれでも自尊心の高い人を想定し、その人の自己評価に対するメタレベルの肯定度を測定することで、上手なあきらめについて明らかにしている。つまり、「受け入れるとは、自己が受け入れらるものだからそう言えるのであり、受け入れ難い自分を受け入れるあきらめにこそ自己受容的な構えの意義があるといえる」と述べている。

このように、自己受容においては〝あきらめ〟ということが重要な役割を果たしており、〝あきらめ〟の肯定的な側面として、大橋の言う「折り合いをつける」という機能が自己受容において働いているのではないかと考えられる。

一方、障害受容の視点からの考察では、[*13]〈受容〉を〝あきらめ〟や「居直り」とは異なるものと定義し、〈受容〉の本質として、「障害を持つこと自体が自己の全体としての価値を下げるものではないことの認識と体得を通じて、積極的な生活態度に転ずることである」と定義し、価値観の転換が起こることを指摘している。もっとも、ここで述べられている〝あきらめ〟は、「自己の不運に対して従順に文句を言わずに頭を垂れるという

いて考察した内容とは異なる理解である。

青年期における「諦める」の構造を明らかにし、「諦める」ことの精神的健康に対する機能を明らかにしようとした研究もある。[*14] 青年期の男女一五名のインタビューから抽出された「諦める」の構造として、どのようなことを達成・実現しようと目指してきたかという「諦めの内容」があり、その達成・実現が困難であるという認識に至る「諦めのきっかけ」、そしてそれを契機として、目標や望みの放棄という「諦め方」に至ることが示された。そして、諦めの機能において、多様なバリエーションが示され、精神的健康に対する機能の違いとして、「目標の再設定」と「戦略再設定」に関して、青年の中で、よい意味付けがなされる可能性があり、それが精神的健康につながることを指摘している。つまり、目標や戦略の再設定は、その時点では目標の達成が困難であり、目標を放棄することであるが、その一方で新しい目標や戦略を能動的に選んでいるという側面が強く経験されており、一時的には精神的苦痛を感じるが、長期的な精神的健康の維持という視点からは、ポジティブな機能を有する可能性がある。したがって、諦めのポジティブ・ネガティブを検討する際には、どの時点での精神的健康を問題にしているかが重要になってくる。

また、女子大学生を対象として、痩身願望のレベルが、「自己肯定感」や「上手なあきらめ」とどのような関連があるかを検討した研究もある。[*15] これは、強い痩身願望の人たちは、自分の容姿について、理想とする痩せたスタイルのよい姿を追い求めて、その理想を低めて現実を受け入れようとする「上手なあきらめ」や、「自己肯定感」が低いのではという考えに基づくものである。

調査の結果、痩身願望と「上手なあきらめ」とのあいだには負の相関が見られ、「自己肯定感」とは正の相関が見られた。さらに、「上手なあきらめ」ができている人は、できていない人に比べて、現実の体型に満足しているので、痩せたい意識（痩身願望）が弱く、自己を肯定的に受け入れているということである。ここでも「上手なあきらめ」は、痩身願望を弱める働きがあり、自己肯定感が高まるということであり、あきらめをポジティブなものとして理解している。

あきらめと疾病・喪失体験

一般に「諦める」というときには、多くは「自分の望んだ願望などが達成できない」という場合に使われることが多い。つまり、自分はこのような大学に進学したいという願望があり、その自分の望みを実現するための達成目標ということが多く、その目標達成を諦めるという意味合いが強い。

しかしこの〝あきらめ〟の心理に関しては、目標達成以外の、現実的な精神や身体の障害を抱えた家族における問題や、またガン患者、配偶者との死別、震災後の心理などについても検討されている。

統合失調症患者の家族において、その障害を受け止め関わっていくのは、大変な苦悩であり、そのプロセスは、希望を維持する段階から、あきらめの局面に移行する。*16,17 そして、このあきらめの局面において、苦悩から逃れたいと願うなかで、他の家族との交流を深め、また医療の限界を知ることで、認識の幅が広がり、家族の価値観に変化が生じることが報告されている。さらに、このあきらめの局面を支えるには、他家族の体験談や親しい人との会話、ペットの存在や気晴らし・気分転換をはかることが重要であり、そのような支えに護られて、あきらめの局面において、新たな可能性を探ることで、家族の視野が広がり、現状を認める局面に達する、ということが指摘されている。

また、精神障害者を抱える家族の意識の変容過程を、「あきらめ」「希望的あきらめ」「希望」として示し、家族の中に受容と拒否とが矛盾せずにあること、価値の転換により、自己が支えられてもなお現実の生きづらさは残るということを含んでの「障害の受容」を提起し、これを「障害との共存」とよんだ考察もある。*18

身体的な障害については、身体障害者の母親の心理的な発達について検討し、あきらめの経験をするなかで、落ち込みと立ち直りの繰り返しを内在した「人間的成長」の出発点として捉えられると述べられている。[*19] また、重症心身障害児の母親の障害受容過程について検討したものもある。[*20] 母親からのインタビューの分類で、強い親役割意識から「努力」が先行し、それと並行して徐々に現実を認識し始める。たとえば「障害を克服して、より普通に近い人間に育てよう」とあらゆる訓練方法を試したが、その際に子どもが痙攣発作を起こし「泣くことでしか訴えられないこの子の気持ちを何も聞いてあげられなかった」という気づきが生じている。それにより、子どもへの発達の幻想が崩れて現実への直面化が促され、子どもの発達や子どもの持つ価値への捉え方の転換を迫られた、と述べている。その際に、これは努力しても難しく、「あきらめ」の境地に達し、そこから新たな視点の獲得に至るということである。しかし、ここで述べられているあきらめは、「障害や発達に対する諦め」や「施設や専門家にまかせる」というように、やや断念・放棄・徒労・敗北という意味合いが強く、否定的な意味合いで使われている。

さらに、がん患者の手記を分析し、その最終の段階においては、「受容またはあきらめ」という形で表現されていることを示した研究がある。[*21] また、夫と死別した高齢女性の悲哀のプロセスにおいて、六つの段階が抽出され、その第五段階において「あきらめから死を受け入れる」プロセスが示され、それが最終六段階の「人生の再構築」につながっていくとも述べられている。[*22]

一方、震災後における被災者の生活力形成について、あきらめをつけながら受け入れ、家族や被災者同士で助け合い、社会資源を利用しながら生活をコントロールする過程を示し、「あきらめは、一見ネガティブではあるが、喪失体験という過酷な状況の中で生活を続ける強さになっている」と述べたものもある。[*23]

このように、配偶者との死別や被災者体験というのは、ひとつの「喪失体験」であり、〈対象喪失〉との関連が考えられる。この〈対象喪失〉と〈悲哀の仕事 *mouning work*〉は、S・フロイトの考察に端を発しており、小此木啓吾も詳細に検討している。*24 小此木は、母性的養育の剝脱や、配偶者との死別、親の離婚などさまざまな〈対象喪失〉について検討し、その病理的な側面も指摘している。また、〈悲哀の仕事〉についても、J・ボウルビィの〈対象喪失〉反応における四段階（「無感覚の時期」「探し求める時期」「混乱と絶望の時期」「再建の段階」）の過程や、死を予期した時の患者の心理過程として、キューブラー＝ロスの五つの段階（「死の否認と隔離」「怒り」「引き取り」「抑うつ」「死の受容」*25）を紹介している。その過程において、対象をあきらめようとしながらもあきらめられない状態として「失いつつある部分」があると述べている。

さらに小此木は、この〈悲哀の仕事〉が進行し、受容の段階に至るには「どれほどすさまじい課業 Task を通過しなければならないかを十分に認識していなければならない」と述べている。各段階にはそれぞれ特有な感情が結びついているということである。そして、この〈悲哀の仕事〉は、安定した環境と支え手があって初めて可能になるということである。

〈第二節〉　心理臨床におけるあきらめ

前節で述べた〝あきらめ〟についての考えは、その多くは心理面接において出てきたものである。〝あきらめ〟の心理は、心理臨床のプロセスとも大きく関係していると考えられる。

面接過程にあらわれる洞察

この「あきらめ」という表現を面接場面において最初にとりあげた研究では、[*26] 青年期境界例とのつきあい方において、複数で抱えるということを重視し、そのなかである程度の満足を得ながらも、同時に特定の唯ひとりの人が自分のニーズを完全に満たしてくれることはありえないということを体験的に知り、「徐々に失望する」というプロセスが進行し、他者に期待できるものとできないものとの区別ができてきて、「健全なあきらめ」がおこると述べている。その結果、「苦しみをひとりで抱えておける力」がついてきているように思われる、と考察している。

小学二年生の不登校の母親面接を通じた報告もある。[*27] 期待とあせり、あきらめの気持ちが入り乱れるなかで、「祖父母や近所の手前を考え、登校させることをあせりました。あの子がどんな振る舞いをしても、動揺しません。……もうあきらめました」と泣きながら話した、という事例である。そのあきらめの後、子どもの登校が始まる。この過程において、期待と失望の大きな振幅が、子どもの命と成長のリズムを実感したときから、狭まっていったようである。そして、母親の「もうあきらめました」という言葉は、ぎりぎりのところでの子どもに対する失望の表現でもあるが、逆に自分のあせりが明らかに見え、子どもの成長を待つ心構えができた結果ではなかったか、と述べている。また、子どもとの関わりにおいて、期待とあきらめの関係について考察したものもある。[*28] あきらめを「明らかに見極めることで、心を占拠していた事柄に収まる場が与えられ、その空いたスペースに次の新しい事柄を入れることができる」と理解している。そして、「あきらめる」ことは、期待がなくなることではなく、よりフィットする新しい期待が生まれる可能性を示しており、それは親の柔軟さの証でもある、と述べている。つまり〝あきらめ〟とは、新しい事柄を迎えるためのポジティブな心の働きとして捉えられるのである。

心気症、嫉妬妄想の女性との面接経過の報告がある。[*29] そこでは、退行期・更年期において現れた身体の失調という女性ならではの自然現象を、クライエントは独自の理屈で否定しようとしたが、次第に今のクライエントの現実を受け入れ、「自然に対して随順する」ことにより洞察に至った。そのなかで、心気症は諦めることによって治癒した。さらに嫉妬妄想についても、夫の気になる行状を諦めることで、回復へ向かっていった。さらにその研究では、〝あきらめ〟を「心を明るくする。心を晴らすこと」「物事の由来・事情・理由・原因・論理を明らかにきわめること」いう意味で捉える。そして、精神療法においては、前者が「治癒＝苦しみからの解放」、後者は「洞察」と表現されるものであると指摘し、「いかに諦めてもらうか」が精神療法の要諦であり、もっとも困難なところであると述べている。

また、統合失調症患者の家族会における家族の意識の変化について報告し、〝あきらめ〟の局面についてとりあげたものもある。[*30]

　このように、いくつかの面接過程において、あきらめをめぐる考察がおこなわれており、それは、〝あきらめ〟により状態が変化し、面接過程が進展していることがわかる。これは、さまざまな面接場面において「自分のニーズを完全に満たしてくれることはありえない」[*31]ということが体験的に理解でき、焦りと苦悩のなかで、新しい何かが生まれてくるものであり、それはまた「洞察」として理解できるものでもある。

面接場面でのさまざまな様相

　これまで述べたように、〝あきらめ〟に関しては、心理学的な検討や心理面接における考察においてしばしばとりあげられているが、その位置づけについては、明確にはなっていない。たとえば母親との面接における『もう子どもを学校に行かそうというのはあきらめました』という発言について、これを「放棄」「敗北」「内省しない」と受け取ると、なんと冷たくてひどい母親だろうとなってしまい、逆に「絶望や無力感に陥ったりするなかで、その苦しい感傷を抱きつつも折り合いがついていくこと」と理解すると、母親の苦しみとともに優しさ、温かさを感じることになる。このように、〝あきらめ〟という言葉は、二つの様相を秘めており、それは、状況やその文脈によって大きく異なってくる。

　さらに、「上手なあきらめ」[*32、33]というのは、「上手な」というのが前提であり、その「上手な」というのは、どの程度なのか、あるいは、どのような状態なのかが、実際の面接場面では大きな課題になってくる。

　〝あきらめ〟の心理臨床的な位置づけについては、次のような捉え方もある。[*34]あきらめる、を「仕方がないと思い切り、断念すること」と理解されるが、実際はそう簡単に諦められることではない。そこで必要なのは「対象への思慕を断ち切ることではなく、対象を取り戻すことのできない悲しみや怒りなど、さまざまな情緒を体験し、整理していく作業である」という捉え方である。そして、心から悲しむことで心の安定を見出し、

「晴れない思いをいかに抱えていくか」が課題でもあるとされる。その論考では、さらに北山の「あきらめ半分」を引用しつつ、あきらめるか、あきらめないかの正解は誰にも分らず、ただ「あきらめる」と「あきらめない」の間を揺らぐ時間を十分に保証し、その迷いや苦しさを共にすることしかできない、つまりそのような時間を共にするということが重要である、と指摘している。

この「時間の共有」とは、まさに、面接におけるセラピスト―クライエント関係における時間の流れであり、さらに、セラピスト―クライエント関係における空間の広がりであり、〝あきらめ〟とは、心理臨床の場面においてこそ豊かな広がりを持ってくると考えられる。また〝あきらめ〟には、「明らめ」というように、物事を明らかにして整理していくという論理的意味もあるが、先の論考でも「さまざまな情緒を体験し、整理していく作業である」とあるように、〝あきらめ〟とは、多分に、物事を正面から見据え、それを味わい、体験することにより少しずつ整理されていくという心理的意味があり、障害受容などともつながる概念である。

さらにその論考では、北山の言葉を引用して「あきらめ半分」という表現を用いているが、〝あきらめ〟といったとき、簡単に「あきらめ」だけでは伝えられない何かが含まれており、それは「上手な」[*35]「健全な」[*36]「半分」[*37]という言葉で表現されるようなものである。したがって、この〝あきらめ〟の体験的な意味を、面接のプロセスに沿って吟味していくことは、面接をより豊かにしていくものであると考えられる。

そこで、本論においては〝あきらめ〟を、親のもつ期待との関係でとらえて、「さまざまな親の思いを含んだ《親の期待》が明らかになることであり、また親の望んだ子どもへの期待を断念することである」と二つの視点から捉えて、考察していく。

第三章　期待とあきらめのダイナミズム

〈第一節〉 思春期の親子関係へのアプローチ

心理学において「期待する」ということは、その人の内発的動機づけを高めるものとして考えられてきた。その一方で、特に親からの期待は、子どもにとってプレッシャーとなり、負担・ストレスとなることも考えられる。[*1] さらに、《親の期待》に対して肯定的に認知する子どももいれば、否定的に認知する子どももおり、その違いは親との関係性によって異なってくる。

親の期待の影響

また、最近の少年非行の問題について検討し、家族内での子どもによる親や祖父母への殺傷事件の要因として抽出されたものは、以前は親の問題行動（アルコール依存など）に関するものが多かったが、最近は「教育葛藤」と言われるものが中心であると指摘されている。[*2] 教育葛藤とは、勉強や進学をめぐる親と子の葛藤であり、そこには親から子への期待という圧力が大きく関わっていると思われる。

このように、《親の期待》において、親子のあいだにはずれがあり、それによるさまざまな問題行動や不適応などにつながる葛藤が生じることが指摘されている。それだけ《親の期待》は、子どもに対する影響力が強いと考えられる。

《親の期待》の子どもへの影響力について考えると、子どもは本来的には親からの承認を求めており、《親の期待》に応えることで、ほめられ、認められることを欲している。しかし、その《親の期待》は、先行研究で見られるように、子どもの身の丈に合った内容ではなく、親の独りよがりな欲求であったり、親の人生の重ね合わせであったりするので、子どもにすると非常に無理をした、自分を抑えたかたちで《親の期待》に応えていかざるをえなくなる。

また、その《親の期待》は、無意識に世間の基準や期待を取り入れていたり、親自身の個人的欲求を含んでいたりするが、それは親においてはまったく意識されておらず、その分、子どもへの影響力も大きいのではないかと考えられる。したがって、親子関係における親の関わりや養育における影響を理解するうえで、《親の期待》のあり方を理解することが、その関係のあり方を理解することにつながるのではないかと思われる。

さらに、これまでの期待の研究で見られたように、期待の内容は、小学高学年から中学にかけて大きく変化し、いわゆる社会志向的な期待から、個人志向的な期待（学業・進路・就職）へと移り変わっていく。この小学高学年から中学生という時期は、思春期の時期でもあり、心と身体が大きく成長・変化していく時期でもある。中学生は、基本的には《親の期待》には「応えないものである」[*3]と考えているように、反抗期でもあり、また、自立をめざす時期でもある。加えて、不登校をはじめ、いじめや非行、強迫症や不安障害などの神経症や摂食障害などの心身症などが発生してくるのもこの思春期の時期である。

このように考えると、この思春期の時期に、《親の期待》内容が変化していき、さらに子どもたちの心や身体も変化し、その一方で不登校やいじめ、神経症や心身症などの問題が出やすいということは、何らかの関連性があるのではないかと考えられる。つまり、思春期における子どもたちのさまざまな不適応の問題を理解し、支援していくうえで、《親の期待》のあり方に着目して親との面接を進めることが、子どもたちの支援にとっても重要な意味をもってくると考えられる。

期待から見える親子関係

筆者自身は、これまで関わった不登校を中心とした心理面接においても、《親の期待》が過剰であり、そのなかで子どもが身動きできなくなり、不適応に陥っていると考えられるケースをいくつか経験してきた。そのような親や家族との面接において、《親の期待》がいかに子どもの成長を窮屈にし、ストレスを与えているかに焦点をあて、検討することで、あきらめていくというプロセスに注目してきた。

しかしこの「期待」や「あきらめ」という言葉は、日常生活や臨床実践のなかで使われる言葉であり、それを臨床心理学的にみて、《親の期待》の背後にある心理やそのメカニズムについてはまだ十分に検討されていない。このような現状について、「親の期待を親側の観点からみた場合、親が期待する領域や事柄についての研究はなされているが、親が子どもに期待する心性や感情に焦点をあてた研究はほとんど見受けられない[*4]」という指摘もあり、さらに心理面接過程における《親の期待》への介入やその変容のプロセスについても十分に検討されているとは言えない。

そこで本書ではこれから、親との面接を中心にとりあげ、そのなかでどのように《親の期待》が語られ、それはどのように変容するのかを見ていくことにする。その際に、これまでの研究で示されているように、《親の期待》は、過剰になることがあり、それはプラスに作用する場合と、マイナスに作用する場合が考えられている。この違いは、どのような期待のあり方から生じていくるのか、を明らかにしていく必要がある。

《親の期待》には「基本的課題に対する期待」（自立することなど）と「選択的課題に対する期待」（どの学校

に進むかなど）とが考えられるが、[5] 選択的課題はあくまでも選択的であり、親はあまり固執しないで柔軟に対応することができる。筆者は、これまでの親との面接において、《親の期待》のあり方、特にその「操作性」について注目してきた。[6]《親の期待》に含まれる「操作性」とは、「子どもは親の思い通りになると思っており、親の思い描く子ども像に近づけようとする働きかけ」と定義している。そして、《親の期待》における「操作性」が、子どもにどのような影響を及ぼすのかを検討していく。

子どもの不適応の問題で相談に訪れる場合、ほとんどは親が子どもを連れてくるかたちで、母子並行面接あるいは家族面接という形態で、面接がおこなわれることが多い。そして、そこでは親子のあいだにどのような関係性や課題があるのかをアセスメントし、介入していくことになる。その際に、これまでとりあげてきた《親の期待》のあり方という視点から、面接のプロセスを見てみることで、親子のあいだに起こっている問題やその解決の方向性が見えてくるのではないだろうか。これまでの面接や、先行研究において、《親の期待》をあきらめることが、親子関係において重要な転機になることが考えられる。この〝あきらめ〟は、前章で検討したように、広い意味を含んでおり、本書では、「物事の事情・理由を明らかにすることで、望んでいたことの実現は不可能であることを認め、それ以上固執することを断念し、その結果現状を受け入れることが可能になり、心が明るく、晴れやかになること」と定義する。やや長い定義になってしまうが、それはこの「あきらめ」という言葉には、「明らめ」と「諦め」の両方を含んだ非常に複雑な日本人としての心情が含まれているからである。

このように、《親の期待》のあり方および「操作的期待のあきらめ」という視点から、面接過程における親の気持ちの変化を理解することで、思春期における親と子どもの複雑な関係が少しずつ変化し、親自身が少し余裕をもって上手に子どもに関わっていけるようになるプロセスについて、明らかにすることが本書の目的である。

さらに、その際のセラピストとしての介入のあり方についても明らかにすることで、心理臨床における親や家族との面接の一つのプロセス・モデルを提示することを目的とする。

親の期待へのまなざし

本書では以下の四点について具体的に検討していくことで、親子関係に行き詰まっている子どもや、保護者、その親子の支援に関わっている心理臨床の専門家や教育関係者に、少しでも参考になればと願っている。

（1）《親の期待》のあり方を、ポジティブ・ネガティブの両面から捉えられることを明らかにし、そのネガティブな側面が、子どもに対して、どのような適応上の問題を生じさせているかを明らかにする。

（2）《親の期待》に含まれる、子どもを思い通りに動かしていこうとする思いを「操作性」としてとりあげ、期待のあり方における操作性のもつ意味について検討する。

（3）心理面接過程における《親の期待》の変容プロセスについて検討し、期待のあり方が変容し、あきらめに至るというプロセス・モデルを提案する。

（4）その変容のプロセス・モデルにおいて、セラピストとしての親への関わりや介入方法について明らかにする。

以上四つの点について、これから考察し明らかにしていくことにする。

〈第二節〉 親子関係の変容プロセス

本書においては、親の期待のあり方を通して「親子関係の変容プロセス」を明らかにしていくことで、今後の支援につながればというのが筆者の願いでもある。そして、以下に示す三つの視点から、不登校をはじめさまざまな課題をかかえた親と子の支援において貢献できるのではないか、と考えている。

(1) 親子関係を理解する視点

不登校などの多くの問題を生じる思春期の親子関係において、その錯綜した関係を理解するひとつの指標として、《親の期待》のあり方という視点を導入する。つまり、親がいかに子どもを思い通りに動かそうとし、指示的・命令的に関わっているかを明らかにし、その期待のあり方を変容させることで、子どもへの関わりをより受容的で支持的なものにしていくことが可能になる。

(2) 面接過程において指標を持つこと

心理面接過程において、《親の期待》のあり方に着目し、操作的期待を「あきらめる」ことで、ありのままの子どもを受け入れられるようになるという親子関係の変容プロセスが明らかになり、不登校や障害児を抱えた親や家族との面接における重要な指標を提供することができる。

（3）受容的関わりへの行動変容

《親の期待》のあり方の変容や〃あきらめ〃という親の心の動きを通して、これまで過剰で、操作的で、指示的・命令的であった親の子どもへの関わりが、子どもの現実の姿に合わせた、支持的で受容的な態度に変化していけるようになる。また親自身が、みずからの行動を調整し、コントロールできるようになることで、親の苦悩を少しでも低減させることができる。

期待の変容と事例研究

本書では、前述の視点から検討するために、事例研究法を用いることにする。それは、《親の期待》のあり方に注目し、その面接過程における変容に注目するからである。

ここまで見てきたように、《親の期待》については臨床実践における重要性の指摘はなされているが、それを面接過程において、子どもの問題と《親の期待》との関連性について詳細にとりあげたものは少なく、またその変容のプロセスを扱ったものはない。さらに、先に述べたように「親が子どもに期待する心性や感情に焦点をあてた研究はほとんど見受けられない」[*7]という指摘もあり、親自身の期待の背景にあるさまざまな心の動きに焦点を当てる必要性が述べられている。しかし、このような期待の背景にある非常に個別的で、言葉にすることの難しい複雑な思いを抽出するには、質問紙などによる研究では限界があった。

そこで、具体的な〈事例研究〉により個々の親の抱える期待に注目しながら、そこから普遍的な期待のあり方について考察していくことが可能であると考えて、いくつかの論文にまとめてきた。それらをもとに大幅に書き直すかたちで、本書の第四章[*8]・第五章[*9]・第六章[*10]では、〈事例研究〉という方法を用いて、考察を進めていく。ただし、ここでの〈事例研究〉は、あくまでも《親の期待》に焦点をあてたかたちで進めるため、事例全体の流れというよりも、《親の期待》に関する発言、その発言の背後にある親の思い、またそれに対する子どもの発言・行動を中心にとりあげ、特にその変化の見えやすかった家族との面接の部分を中心として取り上げることになる。

したがって、事例の提示においては、事例全体の流れというよりは、《親の期待》に関する部分を抽出するというスタイルをとっており、親の発言や子どもの行動・発言の変化というところに焦点化したかたちでの〈事例研究〉となっている。

第Ⅱ部　事例研究——親の期待をめぐって

第四章　不登校への支援——操作的期待・行き詰まり・あきらめ

〈第一節〉生きるすべを求めるプロセス

筆者がかつて所属していた大学附属の心理教育相談室や、現在勤務している大学附属の相談室では、不登校に関する相談が多く、そのほとんどが親子の並行面接や親面接であった。これまで、不登校の要因やその背景、症状、面接技法に関しては多くの人が述べてきている[*1、2、3、4]が、親面接における具体的な面接のプロセスに焦点を当てたものは少ないようである。そのような状況にあって、不登校の親面接における面接のプロセスを提示することは、現実的に親としか面接できないような現状の臨床現場にとっては意味があることではないだろうか。

不登校児の親の態度としてこれまで指摘されてきた、過保護・過干渉という見方は、要因の指摘にすぎない。それでは過剰な保護・干渉をしないようにするにはどのような態度をとればいいか、という具体的指標というものがないようである。さらに、子どもの自立の問題という指摘も、その具体的な対応については、「登校刺激を与えない」「子どもにまかせる」と言うだけで、面接においてそれはどのようなプロセスで達成されるのか、については述べられていない。

筆者はこれまで、不登校児やその家族との面接をするなかで、不登校という問題行動は、親の具体的な態度の結果として生じるのではなく、親が評価し、期待する雰囲気（家族風土）のなかで、子どもが生きていこうとするための適応の手段と考え、《親の期待》という視点から面接のプロセスを捉えてみようと考えた。[*5]

不登校の問題は、親にしてみれば「特に問題は無いのに、どうして学校に行くことができないのか……」と、大きな不安・葛藤を引き起こすことになる。子どもの示す問題行動には多くの要因が関係していると考えられるが、子どもからよく聞かれるのは、自分のことを「分かってくれない」あるいは「分かってほしい」ということである。この分かってほしいということについて、親にしてみれば、十分に理解しているつもりであり、分かっているつもりであることが多い。その際に、この《親の期待》という視点が有用であると考えられる。つまり、《親の期待》のあり方が問題であり、《親の期待》と子どもの思いとが、微妙にずれているとき、そのずれをどのように扱っているのか、あるいはそれを見ないようにしているのか、またそれは何故ずれているのかなど、《親の期待》のあり方という視点から、「親への支援」ということを考えていくことができる。

「期待」という言葉は、日常的に使われる言葉なので、親にしてみても考えやすい。つまり、親が子どもにこれまで何を期待してきたのか、あるいは今何を期待しているのか、は話しやすい話題である。親との面談においては、自然な会話として、親がこれまでどのような期待をして、働きかけてきたかということが語られる。当然、期待そのものが問題なのではなく、期待のあり方が問題なのであり、日常的な会話において、期待を語ることにより、その期待の内容、あり方を深めていくことができるのである。

親が語る期待には、さまざまな思いが含まれていることがある。《親の期待》には、親自身ができなかった夢を託していることや、子どもを自分と同じような職業に就かせたいという思い（職業継承）、我が子にはそんなことはできないだろうという〈負の期待〉、この子は親がいなければ何もできないのでは……という親の延長物としての子どもへの期待、などさまざまな親の思いが期待には含まれている。

このように、《親の期待》には広くて深い思いが詰まっており、《親の期待》のあり方を理解することは、親自身のこれまでのあり方を理解することでもある。親の長い人生経験のなかで、またさまざまな人間関係のなかで、親自身が実感として体験してきたことが、《親の期待》として表現されているのであり、その期待のあり方を聞くことは、親への深い理解にもつながり、親への支援としても非常に大きな意味をもってくる。

両親の子どもに対する期待のあり方について、「強迫神経症の両親は子どもを暖かく受容するように見えるが、子どもが親の欲求や期待に一致する場合にのみ、つまり子どもが自分自身でなくなるときにのみ承認が与えられる」と述べているものもある。[*6] 不登校の場合もこれと同じようなことが考えられるのではないだろうか。つまり、不登校というのは、各々の親が抱く子どもへの態度・願望のなかで、「学校にも行かないどうしようもない自分を、親がどう評価するか」を試し、親の評価・期待を無効化し、親から自由になろうとする精一杯の子どもの生きるすべではないかという実感を筆者は得て、この期待が不登校の親面接において重要な指標になるのではないかと考えた。筆者のこれまでの経験でも、親が、子どもの生きるすべとしての不登校に直面し、子どもへの期待を弱めるときに子どもに変化が生じているようであった。また、「母性原理が強い日本において子どもたちが自立していく過程で、それを阻止する母親に対して、彼らにとって最もやりやすい抵抗が不登校である」という論考もある。[*7]

筆者がここで「期待」という言葉を用いる場合は「親の子どもに対する期待」に限定して考え、「親の願望による子どもへの言語的・非言語的影響力」という意味で用い、ポジティブ・ネガティブ両方の意味を含んだものと考えている。親として子どもに期待するのは当然であるが、不登校という現実に対して親がいかに対応していくか、つまり、子どもへの期待、そしてそれが思い通りにいかない苛立ち・混乱、さらにその混乱を親がいかに受け止め、体験していくかが、不登校の面接において重要なポイントになってくる。

そこで本章では、筆者のおこなった家族面接の事例を素材として、《親の期待》のあり方の変化について考察し、不登校の面接プロセスのモデルを提示しようと思う。

〈第二節〉　中学三年生Aとその家族

本書では、事例の内容より《親の期待》発言に注目しているので、事例の概要・経過は必要最小限にとどめ、必要な発言のみをとりあげることとする。

〈主訴〉不登校
〈クライエントA〉中学三年生
〈父親〉サラリーマン、結婚時までずっと両親と同居。父親の意見は祖父母（父親の両親）には全く通用せず、言っても無駄と思っていた〔母親談〕。
〈母親〉不安が高く、感情表現が豊かで、興奮気味に話す。姑との折り合いが悪く、クライエント〔以下、Aとする〕一歳時に家出したことがある。
〈妹〉小学五年生

家族歴および問題歴

前年の七月、夫の転勤にともないD県から筆者のいるE県に転居、Aは友人との関係から祖父母のところに留まるが、祖父母との折り合いが悪く、電話口で泣くこともあった。Aが祖父の言うことをきかず、障子を破ったときなど、舅より「おまえの息子が暴れている。何とかしろ、どうしてくれる」と電話がある。十二月末に転校手続きをとり、一月にE県へ転校。三学期より登校するも、二月頃より不登校となる。以後、中学三年になっても一日も登校せず。「みんなの登校拒否は、行かれないのだが、自分のは行かないのだ」「できるものなら学校に行きたい」と語る。中学三年の六月に来談。

面接経過

面接経過は、まず前任者の女性セラピストとの個人面接が四回あり、その後、中断を経て、筆者が引き継ぎ、「個人面接（三回）」「家族面接」「夫婦面接（五回）」の大きく三つの時期に分けられる。今回は、もっとも変化の大きかった家族面接八セッションを中心にとりあげて考察する。この時期を選んだのは、家族同席面接ということで、家族内での親の対応がよく分かり、《親の期待》が典型的に変化していった時期だったからである。

この八回の面接において、最初は父親もしぶしぶであり、母親が一人で受け止めてもらえない不満を訴え、興奮気味に話していた。しかし、次第に父親も積極的に参加するようになり、Aと将棋をさしたり、夜マラソンをしたりするようになり、また母親とも話をするようになり、少し家族が落ち着いてくる。Aは終始沈黙しがちであったが、中学は卒業したいということで受験のための勉強を始める。そして何とか私立の高校に合格して、仮終結とした。この後五月の連休から再び不登校となり、両親だけの夫婦面接を五回おこない、以後なんとか登校を続けている。

事例の提示

最初の個人面接および後半の夫婦面接については、簡単に面接の流れを記した。

そして期待の変化についてとりあげた家族面接については、まず各セッションをクライエントの了解のもと、テープレコーダーに録音する。その録音テープより逐語録を作成する。その逐語録のなかから《親の期待》に関する発言をすべてピックアップした。そして、その各発言に込められた《親の期待》と各セッションの期待のあり方について考察していく。そのまとめ方として、セッション毎に、

【親の期待発言】（『……』内が親の期待発言／《……》内が各発言に込められた期待、［M］は母親の発言、［F］は父親の発言）――【期待のあり方】というかたちで整理していく。なお、〈…〉内は、セラピストの発言を、#○は、面接の回数を示す

逐語録から、前期・中期・後期の三つの時期に分けてその時期の代表的期待の発言をとりあげ、そのときの期待のあり方、その移り変わりについて表にまとめ考察する。

〈第三節〉　Aそして家族との面接過程

個人面接（＃1～＃3）

　Aの第一印象は、視線が鋭く、あちこち定まらない感じであり、非常に過敏な印象を受ける。受け応えも慎重で、最後に初回面接の感想を尋ねると、「料金が高い」と応える。〈そうか、一六〇〇円は高いかな、あるいはそれに見合うだけの内容はなかったかな、もう少し頑張って、それに見合うように質を高めないといけないね〉と応えると、「質はそのままで、お金を下げてほしい」とお金へのこだわりを見せる。また、Aは、絵を描いたり作文を書くのが遅く、そのような作品を出すときは学校に行きたくないなと思っていた。さらに、人前で作文を読むときがあり、その時は学校を休んだ〔＃2〕。Aにとって、何か自分を表現するというのはかなり苦手なようであった。

　＃3では、自分は考え過ぎると言われるということで、その例として、誰かがジョークを言ってみんなが笑う時、そのおかしさがよく分らないので、もっと深い意味があるのだろうと思って聞くことがある。これは家族の中でもよく感じることである、と語る。セラピストとしては、家族内においてもなかなかコミュニケーションをうまくとることができず、気を使っている様子がうかがえ、家族合同での面接を提案する。

家族面接（#1〜#8）

家族面接では、父親・母親・Aの三人が来談し、同席での面接を行った。

《第一回目》

【親の期待発言】

① （答案に計算を書かないということで）『自分の必要なものだけパッパと書くらしいのですよね、だから、「それじゃ、もう一度見直したときにどこが間違っているか分からないじゃないか」と、よく言っていたんですね』［M］——《答案を丁寧にという期待》

② 『その途中のプロセスというか、なんか「面倒くさいからやらない」というかですね、「しょうもないからやらない」みたいなですね、そういうことがあるんじゃないかなと思うんですよ』［M］——《面倒くさがらずにやってほしいという期待》

③ （テニス部に一人で入ることになり）『必然的に人前でやんなきゃいけない、人をリードする立場は大人になってからも出ますからね、ですから小さいうちにそれを覚えておかないと……それでやらせたのですよ』［F］——《人の上に立ってほしいという期待》

④ （「これから少しずつ学校や社会に出ていけるように……」と言うと）『それをいま分かってもらうには、分からせるためには、どうしたらよいかということなのですけど』［F］——《いま分かってほしいという期待》

⑤『A自身がもう少し自分の表現が出せる状況になれば、もっと違った面で自信を持ってくるというのですかね、そうすることによって、もう少しなんていいますか、今と違った状況で周りともとけ合ってやっていける状況になるのですかね』〔F〕――《もっと自分を表現すれば、周りともうまくやっていけるのではという期待》

⑥『たまに「叩かないといけないかな」という心理がないと、後押しでもないのですけどね、そういうと言ってあげて、もう少し自分のなかで「学校、行かなきゃだめなんだな」という認識を持たせないと、のんべんだらり、なんといいますかね、このままいっちゃうんじゃないか』〔F〕――《言ってやって分からせようという期待》

⑦『先生にそう言ってもらって、先生がこう来てくだされば、「先生、俺も心配してくれているんだな」と思って、なんかそれが彼の何かになればと思ったのですよね』〔M〕――《先生のことがきっかけで動き出してほしいという期待》

【セラピストの関わり】

親に対して、〈端から見たらすごく楽そうに見えているんですけど、本人にとってはそれで一生懸命、気を遣っている部分もあるし、頑張っている部分もあると思うのですよね。だから、そこのところをもう少し分かってやらないといけないのではないでしょうかね〉と、この回は、本人との面接の後、両親だけの面接だったので、本人なりに一生懸命やっていることを代弁するかたちで伝える。

【期待のあり方】

最初のセッションでは、これまでのAに対する期待のあり方がいろいろと述べられる。言って分からせようとする期待や、もっと周りとうまく関わってほしいという期待、学校に行ってほしいという期待は、基本的に親の立場からみた操作的な期待であり、Aの本当の気持ちを確かめたものではなく、またそれを確認しようという意志もないようであった。それは、おそらく今までに、そのようにAの気持ちを確かめながら親の意向を言っていくという習慣がなく、また、言ってもAも答えてこなかったと思われる。そこで親は、ますます「Aを何とかしよう」とあれこれ手を打つが、それがかえって操作的期待となりAを窮屈にしてきたと思われる。

《第二回目》

【親の期待発言】

① （趣味について）『いや深く考えないで、いわゆるあの履歴書に書くように、ありきたりのずらずらずらっと並べてごらん、全然ないってことないでしょう』［M］——《何か趣味があるだろうという期待》

【期待のあり方】

Aがほとんど何も答えないので、Mもかなりいらだち、思わずきめつけるような期待の表現の仕方をしている。

前期〔#1〜#2〕の子どもの反応

『一緒にいて楽しい？』［F］という父親の問いかけに『多少』と応えている。また、Fは釣りが好きだが、Aはそういう殺生は嫌いなので、二人の趣味が合わないという話題になり、〈釣りは嫌いなの？〉［T］と尋ねると、『はい、釣りは嫌いです』とはっきり答える。しかし、Aへの問いかけに対しては、何ともはっきりしない返答で、周りの期待や思いに対し、かなり敏感であり、気を遣い、慎重に応えている。

さらに、ボーリングに興味をもっていたと聞いたので、尋ねると、『いや、興味もってたというか、別に興味もってない』と否定する。このように非常に周りの思惑に敏感であり、自分の意志や思いを表現することはほとんどないようであった。

そして、学校に関することは一切話さないし、家では相対性理論の本を読んでおり、父親とはあまり話をしない、というように、自分の世界に入り込んでおり、自分の思いを表現することはほとんどなかったようである。

《第三回目》

【親の期待発言】

① 『人の心の機微なんかも分かっていると思うし、そうすると、こうすりゃこうなるんだから、理屈はいくら中学生でも分かっているって、私は思っているんですね』〔M〕――《「私は」をつけ、自分の期待であることを示す》

② 『でもやっぱり「母親っていうのは、もっと言わなきゃいけないのかしら」と思ったり、でも私にはできない』〔M〕――《言いたいけど言わないほうがいいのかという葛藤・行き詰まり》

③ 『いや、助けなきゃいけないのが親なのかなと思ったりしますけど、でも私ができる助けっていうのは、これだけしかないんじゃないかなと思うんですけどね』〔M〕――《もっと助けてなんとかしてやりたいが、でも自分ができるのはこれだけという思い》

④ 『ときどきチクッといやみ言って、言いたくなくても出ちゃうんですよね』〔M〕――《ついついいやみを言ってしまう思い》

⑤『最終的には、何でもそうなのですけど、「自分がやらなきゃいけない」と思って動き出さない限りっていうか、本人を無理やり連れてって、そこに行ったらいいんですけど、それは毎日続けられないわけですよね』［F］――《最終的には本人にまかせようという思い》

⑥『あくまでも「本人が動き出そうとしない限り」っていう考えを持っていますので……、ただ問題は「きっかけがあれば」と思いまして、なんか、そこんところが今ちょっと』［F］――《きっかけがあれば行くのではという期待》

【セラピストの関わり】

〈分かっていても、それはできないのだということですね。つまり、やらないといけないからやるではなく、やらないといけないということは分かっていてもそれができないというところですね〉と、きっかけがあればできるのではという《親の期待》に対し、それはそう簡単ではないということを柔らかく伝える。

⑦『そこがその、何かひとつ、こう、例えば「てこ」の役割っていうのはあるのですか、必要なんですか』［M］――《こちらが何かもう一押ししたら行くのではという期待》

【セラピストの関わり】

〈本人もやるべきことは分かっているから、後押ししたら何とかやるだろうというふうに思うのでしょうけど、それはたぶんできないと思いますね。やるべきことは本人も分かっているが、それでもできないわけなので、てこで何してもできないことはできないのではと思いますよ。それだから、本人にとってはすごく難しいところだと思いますね〉と後押しをすることの背後にある《親の期待》を明確化しながら、その無意味さについて、伝える。

⑧『いえ、じゃあ、そう分かったとして、じゃあ次にどうするかってことなんですけどね』［F］――《分かったと言いつつ、さらなる期待をする》

【セラピストの介入】

〈んー、別にこれといって言うことはないのではないですかね〉と、操作的に関わるのをストップするように関わる。

⑨『あるかなくらいな、あの、パーセンテージからいったらほんの微々たるくらいなものとは思っています』［M］――《操作的期待の自覚とその弱まり》

⑩『動かないもんね、自分であれしないとね』［M］――《こちらの思いどおりになってくれないという思い》

⑪『ずっとこう、そういう生活っていうのは、なんか、本人にとってどうなのかな、「何にも私にはやってやれないし」っていうことがあったんですね、私はね、きっと』［M］――《本人のために何もしてやれない辛さ》

⑫『子どものそういう姿を見ていて、何にもできないっていうのは、非常に、「どうかしてあげられないのかな」とか、やっぱり考えますけど、それでも結局、最終的には何にもできないということは分かるんですけどね』［M］――《助けてやりたいという思いと、どうしょうもないというあきらめ》

【セラピストの介入】

〈家族がそれぞれに自分の持ち味を持って一生懸命やっているので、どこが悪いとか、病気だとか、そういうことは全くないわけで、今ありのままにみんな一生懸命にやっているのですよね〉と、家族それぞれの関わり・期待の正当性を評価し、支持的に関わる。

⑬『ええ、なんていうんですか、どうにもならないですけど、つらいんですよね』［M］――《どうしていいか分からない行き詰まり》

【期待のあり方】

これまでのいろいろな試みが全くうまくいかず、主語をつけ自分の期待であることを明示したり、あまり言わない方がいいのかなと反省したりし、さらにこちらにどうしたらよいか頼ってきているようである。セラピストはそれに対して終始Aの大変さを分かってもらいたいというだけであり、母親はそれがどういうことなのかつかみかねて、期待してないと言いつつさらに別のレベルで期待してAを動かそうとしてみたり、後押しの必要性について父親、母親ともに考えているようである。それに対するセラピストの、やはりそれも期待しているのではという介入に対し、ではどうすればよいのかと母親はますます行き詰まっていくようである。

また、面接後、父親がセラピストのところにやってきて、「今日、私が行ったことを本人が聞いてどうですかね」と本人と一緒に面接することがいいのかを確かめに来られる。セラピストとしては、〈いいのではと思いますが、父親の話を聞いて本人がどう思っているか、機会があれば直接Aに聞いてみてもいいのではないですか？〉と伝えると、父親は「はあ、どうもそういう話は、私はしにくいので」と、Aと父親の会話のしにくさが語られる。

《第四回目》

【親の期待発言】

①（Aのこれからについて）『いや、われわれ二人はいいんですけど、当の本人がそれでいいか』［F］――《本

人はそれでは駄目だと分かってほしいという期待》

②『普通にやるだけが人生じゃない、と言いながらもやっぱり普通に生きてきた人間にとっては、「はあー、あの子大丈夫かな」って思うんです』〔M〕――《やはり普通の人と同じようにやってほしいという期待》

③『この年になると社会の裏、表、分かりますから、やっぱり心配になるわけですね、その卒業という大事な時期にいますから、どうしてもそこに頭が引っかかってくるんですね』〔F〕――《卒業してほしいという期待と、それが気になるという子どもへの思い》

④『本人は卒業を希望しているんだけど、一月になったらやっぱり行かなかったと、結果からすると、そうすると、じゃ無理かな、無理ですよと言われた場合、じゃどうするか、われわれ世のなか見ちゃってますんで、それを本人にもっと伝えたいんですけど、もうちょっと待ってと言われますと』〔F〕――《卒業はしたほうがよいことを伝えて分かってほしいという期待》

⑤（学歴社会と言われるこの世のなかで）『一般的な評価でわれわれも見て、自分もそういう環境で育ってきちゃってますんで、親としてはそういうふうに見ちゃうんですね』〔F〕――《どうしても一般的な評価で見てしまうことの行き詰まり》

⑥『今までのほころびを繕い終わるまで待ってやるのが親なのかなと思ったのです』〔M〕――《Aが気が済むまで待ってやろうという思い》

⑦『私たちがなんでもなくぼんと乗り越えることも、この子にとっては立ち止まってみることだったんです。それがこの人の性格なのかなと思ったんです』〔M〕――《Aの一生懸命さへの思いやり》

【セラピストの介入】

途中で、Aが親に遠慮しているという話になり、セラピストより〈それはお父さんに対する遠慮ですか、それともお母さんに対する遠慮ですか?〉と尋ねると、『二人に対する、ですかね』[F] と応え〈二人に対する遠慮ですか〉と繰り返すと、母親が『私の代弁をしないでよね』[M] と、すかさず母親が発言し、夫婦間のずれが少し明確になる。

さらに、Aは、母親には『ねえー……』と話しかけるが、父親には『よろしいでしょうか』と敬語になる。その理由をセラピストが尋ねると、これは、母親が夫（Aの父親）にずっと敬語を使ってきており、その背景には母親自身の明治気質の厳格な家庭で育ってきたという原家族の影響があったという話が出るなど、父親と母親の思いの違いが少しずつ明確になる。

【期待のあり方】

このセッションでは、父親と母親の対応がやや違うようである。父親はやはり、世間に対する心配や、これからこの子が社会に出ていったらということを心配し、そのためにもせめて学校だけでも普通に出てほしいという期待が強いようであるが、母親はあまりそれにこだわらず、本人の気が済むまで待ってやろうという感じで、かなりAの立場にたってやろうとしているようである。そして、母親はAの一生懸命さが分かり、あまり期待しないほうがいいのかなという気持ちが芽生える。

《第五回目》

【親の期待発言】

①『彼なんかも、ひとつひとつこう、言葉を自分で考えてから出すみたいで、あの先まで考えて後戻っているところあるんで、そういうところは父親と同じなのかなと思うんですけど、私なら先まで考えずに

ぱーっと出ちゃうし、その場の雰囲気をうまくよくしようと思うからそうなっちゃうと思うから』〔M〕――《自分とAとの違いについて――操作性の弱い発言》

②『いつまで行くのという話で「分かんない」「じゃ内田先生にきいたら」〔M〕、「内田先生じゃなくて自分がいちばん分かる」って言ったんです』〔M〕――《いつまで面接を続けるかは、親には分からないという思い》

③『あの、母親ってやっぱりだめですね、あの目先のことにやっぱりとらわれたり、こうやって毎日見てますから』〔M〕――《ついつい手を出してしまう親の思い》

④『Aはすごい代償を払ったのかもしれないけど、私たちにはすごいことを教えたのかもしれないねって、言ったんですね、きっと私たちが教わったのかもしれませんね』〔M〕――《A自身のあり方を認め、感謝する思い》

⑤『ずっと「うん、おまえの考えどおりにやっていきなさいよ」というふうに見てて、果たして機を逃しはしないかなと、この機を逃すことがAにとってはいいことなのかな、それとも後のものすごいハンディになったりするかな、と、ものすごく考えたりするとまた不安になるんですよね』〔M〕――《機を逃したくないが、どうしたらいいかという行き詰まり》

【セラピストの介入】

〈ただ、A君自身が、一生懸命、何とかしようとしているのはよく分かりますね〉と子どもへの不安を語るなかで、A自身の頑張りを評価する。

【期待のあり方】

このセッションでは、お互いの意見を尊重して聞くということがある程度できるようになり、お互いの考えの違いの認識から「しかたない、あいつに任せよう」という考えへと進んでいる。したがって、いつまで面接を続けるかということも、当然、親が決めることではなく、Aの問題として返している。また、そのように自分が考えられるようになったのは、Aのおかげであり、よいチャンスであったと感謝の気持ちを持ってAを見ている。

また、そういうことを頭では十分に分かっていても、つい口を出してしまう自分のどうしようもない思いを感じている。ここにおいて、子どもへの期待のなかの操作的期待が薄れていくように感じられた。

中期〔#3～#5〕の子どもの反応

以下が面接中に見られたAの発言である。『あ、いえ別に』『はい、少し』『うん、いや大丈夫』『あー、はい』『うーん、はい』『いや、まあはい』『さあ、どうでしょう、分かりません』『別に』と、いずれも自分の意思をはっきり述べることはせず、周りの状況に合わせているようであった。面接では、繰り返しセラピストから〈A君はどうなのかな?〉というのを問いかけ、その意思を明確にしようとしたが、やはり上に述べたような反応であった。

つまり、期待への気づかいから、どのように反応していいか分らず、返答に困難を感じているようであった。

しかし、そのようななかで、父親と二人で始めたマラソンに、母親・妹も加わり、家族四人でマラソンを始めることになる。また、それまであまり話すことのなかった父親とたまたま誘われて、将棋をさすことになる。以後何回か父親と将棋をさすようになる。

家でも、これまでは相対性理論などの本を読むことが多かったが、それが減り、かわりに『あーあ』と言うため息が多くなる。これは、本を読むばかりも少し飽きてきて、退屈になってきたと考えられ、何か刺激を求める前段階ではないかと考えられる。

《第六回目》

【親の期待発言】

① 『一応、本人はたぶんそういうことで本人に話して、「入試はやろうか」ということで本人はOKしたんだよね、むりじいかな』［F］――《入試はやろうということになっているが、基本は本人次第だという思い》

【セラピストの介入】

入試を受けることについて『押し付けるわけではないのですが』［F］、〈別にこれは希望ですからね、押し付けでも何でもないわけですから、「受けろ」と言っているわけではないですかね〉とその期待が、操作的な親の押し付けではないことを明確化すると、『それはもう、希望としてですね』とかなり余裕をもって応えることができる。

【期待のあり方】

父親や母親の関わりが、あまり操作性を含んでいないので、こうしなければならないという意識が低く、Aの意志を尊重しようという基本的態度で接しているようである。

《第七回目》

【親の期待発言】

①『平素の結果とか、そういうことで、公立高のほうは出してないんですよね、公立のほうはあの、結局、出席日数の点でかなりあぶないんじゃないかということで』〔M〕――《親の期待よりも現実的な対応》

②（家庭教師を頼むことについて）『それは自分で言い出したので、「じゃ今度は大丈夫だろう」と思って、そうじゃなきゃ動く気はしません、一度断わられましたからね』〔M〕――《本人の意志に従おうという思い》

③『まあ最終的には本人の判断にまかせないと、という、そうですね、自分で分かっていると思いますので、逆に、ひとつはひと安心かなという気はあるんですけど』〔M〕――《本人にまかせても大丈夫という親の信頼》

④『私なんか二十四時間一緒にいますから、紆余曲折なんですよね、「あ、勝手に言ってろ、言ってろ」って感じだったり、「やめてー」って感じになったり』〔M〕――《Aへの期待のない素直な対応》

⑤『意外と流されちゃうんじゃないかしら、そんなふうに感じる部分もあるけど、みたいなことを私がちょっと言ってみたんですね、そしたら、「いや、それはない」って、はっきり言ったんですね、そしたら、「あ、ここが違うな」と思って「ふーん、かもね」って言ったんですね』〔M〕――《「ふーん、かもね」という期待のこもらない中立的発言》

⑥『「こんな子ども持って大変でしょう」とか言ってましたよ。それで「ううん、かわいいよ」って言ったら、「ばかな子ほどかわいいって言うからね」と言ってましたよ』〔M〕――《子どものありのままの姿の承認》

【期待のあり方】

Aへの操作的期待をあきらめることによって、ありのままのAをみられるようになる。したがって現実的な対応や本人の意見を尊重した発言がみられる〔①②〕。また、「本人にまかせても大丈夫だ」という安心感とともに、「こちらがいろいろと心配して言っても、結局、本人次第だ」という気持ちで、操作性のほとんどない発言でAに接していけるようになっている。

《第八回目》

【親の期待発言】

① （入試の日、Fの車に乗って行き）『いや、あの、それはもう、交通機関ということで連れて行ってもらったという感じなんですよ』〔M〕――《親の期待のない素直な行動として》

② 『そう、そう、パパってそういう性格なのよね、あの、あなたからみればよけいなおせっかいと思うようなことが、やっぱりすごいなんていうんですか、親切って』〔M〕――《期待はしてるつもりはないが、ついおせっかいをやいてしまうことの自覚》

③ 『主人のところからはお昼過ぎに電話ありまして、「ああ、しっかりしているよ、さっさと自分で行くよ」ってあったんですよ』〔M〕――《Aに自分が直接関われないことへのあきらめ》

④ 『だけどうちはハンディがありますでしょう、内申点がもうハンディですよね、だからもういちかばちかっていう感じで度胸試しね、どこもね』〔M〕――《試験に通ることへのあきらめ》

⑤ 『ひとつもないところへ持ってきて、いきなりやっても、いろいろ無理じゃないかと思いましたね』〔M〕――《現在のAへの思いやり》

⑥『昨日の試験の話を聞いて、本人からまあ数学一題だけ、なんか自分で悔しい思いをしたみたいなんです』〔F〕――《操作的期待の弱い自然な会話》

【期待のあり方】

操作性が弱くなり、その分、子どもへの思いが賦活され、親として素直な行動ができるようになる。また、いろいろな心配事があると、つい分かっていても操作的期待によっておせっかいをやいてしまうが、それを自覚できており、Mのそれは大きなお世話だという反応に対して、それを受け入れられるようになっているようである。これからは、親の期待とそれに対するAの反応の自然な関係のなかで、操作的期待から「子どもへの思い」へのプロセスが日常のなかでくり返し起こってくるものと思われる。それと同時に、親の操作的期待の発言も自然と少なくなり、親自身も自分自身の生活に目を向けていくようになる。

後期〔#6～#8〕の子どもの反応

中学卒業のために、高校受験を決めたことや、家庭教師の先生にきてもらっている。高校入試を受けに行き、問題を解いたことについて『あれはしょうがないんだよ、やるしかなかったんだよ』と自分なりに納得して受けに行った。また、受験への期待についても『いや、そうじゃなくて、「これ、受かんなくちゃ」という緊張感がなかったのかもしれません』と、それほど期待を感じず、プレッシャーを受けずに受験できたようである。それには、たんに交通手段として父親が車で連れて行ったというように、親の「何とかこうなってほしい」という操作的期待がかなり少なくなってきたことと関係しているのではと考えられる。また、（入試を受けても）『でも「行く」とは言ってない』と、今後についてもまだ自由に決めたいという気持ちが語られ、無理に親に合わせようとしていないと考えられる。

また、親との関係では、イライラが減って、母親に絡むことが少なくなり、気分的にも落ち着いてきたようである。受験が終わった後、偶然出会った友人らと夕方まで過ごして帰ってきたりと、対人関係も少し広がりを見せてきた。

以上の経過を、前期〔#1〜#2〕・中期〔#3〜#5〕・後期〔#6〜#8〕の三つの時期に分け、典型的な発言を抽出し、またそのときのAの発言・行動をまとめた【表3】。

夫婦面接(#1〜#5)の経過

Aは、高校入学後、順調に登校できていたが、五月の連休中に友達との関係でトラブルがあり、その後、学校を休むようになる。そこで、両親はあわてて相談室にやってくる。この面接においては、父親は『もう後がないという崖っぷちに立たないと動かないのでは……』『たまには厳しくして、尻を叩いてでもやらせたほうが本人のためでは……』と、厳しく接することについて語る。それに対し母親は『わたしはそうではないと思うわ』と、父親とはまったく違う意見を述べ、夫婦間のずれが明らかになる。

さらに、中学では、学年で四番ぐらいの成績だったが、父親の転勤の内示があった前後あたりから成績が落ち始めた。両親ともに成績へのこだわりが強く、特に母親は、偏差値や学歴へのこだわりがあることが語られる。それは、母親自身が厳しい両親の下、厳格な家庭で育ち、勉強ができて当たり前という環境のなかで、学校に行かないことや先の進路が見えないということは、相当の不安であったと考えられる。また、父親から、一方的に決めつけられ、嫁―姑関係の苦しさを理解し、間に入ってもらえなかった不満や、すべてを母親に任せて、母親や子どもへのプレッシャーだけをかけてきた父親の態度について母親は怒りを込めて語り、最終的には、「認めて理解してほしかった」という父親への思いがしみじみと語られる。

　このような話を通して、母親は父親に分かってもらえない思いを、子どもへの「期待」や「こだわり」として表現していたことが明らかになり、また、父親も、親としての役割・責任を果たしてこなかったことが自覚されていく。そのようななか、Aは、七月から登校を再開し、今後は夫婦で話し合いながら関わっていくことを確認し、終結となった。

期待のあり方	子どもの発言・行動
(1) 答案を丁寧にという期待 (2) 人の上に立ってほしいという期待 (3) 分かってほしいという期待 (4) 言ってやって分からせようという期待 (5) 先生のことがきっかけで動き出してほしいという期待 **子どもは自分の思いどおりになると思い込んでおり、自分が子どもに期待していることすら意識化できていない。筆者は、この親の枠組みからみた、自分の思いどおりに動かしていこうとする期待を「操作的期待」と呼ぶことにする。**	「一緒にいて楽しい」(F)「多少」 「釣りが嫌いなの？」(T)「嫌いってこともないけど好きじゃない」 (ボーリングに興味を持っていたことについて)「いや興味持ってたというか、別に興味持ってない」 →期待への気づかい ・学校に関することは一切言話さない ・相対性理論の本を読む。 ・父親とあまり話をしない。
自分の期待であることを示すために主語をつける (6)。自分が子どもに言ったり、思ったりしていることは自分の期待なんだということを意識化し、あまり期待してはいけないですねと言いつつさらに深いレベルで期待している (8)、(9)。 さらに、あまり期待してはいけないと思いつつ、普通や一般的評価にとらわれる自分を感じ (11)、(12)、この機を逸することへの焦り (13)。 **親がいくら操作的に動かそうとしても、Aは頑として動かず、期待すればするほどかえって元気がなくなりどうしようもない苛立ち、焦りを感じ始める時期。筆者はこれを操作的期待の「行き詰まり」と呼ぶ。**	「あ、いえ別に」「はい、少し」 「うん、いや大丈夫」「あー、はい」 「うーん、はい」「いや、まあはい」 「さあ、どうでしょう、分かりません」 「別に」 期待への気づかいと反発 →反応のむずかしさ ・家族でマラソンを始める。 ・父親と将棋をさす。 ・本を読むのが減り、「あーあ」と言うため息が多くなる。
できるだけ期待を言わなくなると、子どもの言葉に従うようになる (14)。 できるだけ期待を込めないで会話しようとすると話が中立的、そっけないものとなる (15)、(19)。 操作的期待の部分が減り、かなりあきらめた感じでの発言となる (17)、(18) **行き詰まりのなかで、親の期待のあり方が明らかになるという意味で「明らめる」と同時に、操作的期待を「諦める」、そして操作性を含まない純粋な親としての「子どもへの思い」で接していく。**	(入試問題を解いて)「あれはしょうがないんだよ、やるしかなかったんだよ」 「いや、そうじゃなくて、これうかんなくちゃという緊張感がなかったのかもしれません」 (入試を受けても)「でも、行くとは言ってない」 →できるだけ期待をいだかせない反応 ・中学卒業のため、高校受験を決める ・家庭教師の先生にきてもらってる。 ・母親にかみつかなくなる。

表3　「親の期待」から見た面接過程

	親の期待発言
前期「操作的期待」(#1〜#2)	(1)　(答案に計算を書かないということで)「自分の必要なものだけぱっぱと書くらしいのですよね、だからそれじゃもう一度見直したときにどこが間違ってるか分からないじゃないかとよく言ってたんですね」(M) (2)　(テニス部に一人でも入ることになり)「必然的に人前でやんなきゃいけない、人をリードする立場は大人になってからも出ますからね、ですから小さいうちにそれを覚えておかないと、それでやらせたのですよ」(F) (3)　「それを今分かってもらうには、分からせるためには、どうしたらよいかということなんですけど」(F) (4)　「たまに叩かないといけないかなという心理がないと、後押しでもないんですけどね、そういうこと言ってあげてもう少し自分のなかで学校行かなきゃだめなんだという認識を持たせないと、のんべんだらり、なんといいますかね、このままいっちゃうんじゃ」(F) (5)　「先生にそう言って先生がこう来てくだされば、俺も先生心配してくれてるんだなと思って、なんかそれが彼の何かになればと思ったのですよね」(M)
中期「行き詰まり」(#3〜#5)	(6)　「人の心の機微なんかも分かってると思うし、そうするとこうすりゃこうなるんだから、理屈はいくら中学生でも分かってるって私は思ってるんですね」(M) (7)　「ときどきチクッといやみ言って、言いたくなくても出ちゃうんですよね」(M) (8)　「あくまで本人が動き出そうとしない限りっていう考え持ってますんで、ただ問題はきっかけがあればと思いまして、なんかそこんところが今ちよっと」(F) (9)　「そこがその何かひとつこう例えばてこの役割っていうのはあるんですか、必要なんですか」(M) (10)「子どものそういう姿を見ていて、何もできないっていうのは非常にどうかしてあげられないのかなとか、やっぱり考えますけど、それでも結局最終的には何にもできないということが分かるんですけどね」(M) (11)「普通にやるだけが人生じゃない、と言いながらもやっぱり普通に生きてきた人間にとっては“はあー、あの子大丈夫かな”って思うんです」(M) (12)「一般的な評価でわれわれも見て、自分もそういう環境で育ってきちやってますんで、親としてはそういうふうに見ちゃうんですね」(F) (13)「ずっと、うんおまえの考えどおりにやっていきなさいよというふうにみてて、果たして機を逃しはしないかなと、この機を逃すことがAにとってはいいことなのかな」(M)
後期「あきらめ」(#6〜#8)	(14)(家庭教師を頼むことについて)「それは自分で言い出したので、じゃ今度は大丈夫だろうと思って、そうじゃなきゃ動く気はしません、一度断わられましたからね」(M) (15)「意外と流されちゃうんじゃないかしら、そんなふうに感じる部分あるけど、みたいなことを私がちょっと言ってみたんですね、そしたら“いや、それはない”てはっきり言ったんですね、そしたら、あ、ここが違うなと思って“ふーん、かもね”て言ったんですね」(M) (16)(入試の日、Fの車に乗って行き)「いや、あのそれはもう交通機関ということで連れて行ってもらったという感じなんですよ」(M) (17)「主人のところからはお昼過ぎに電話ありまして“ああ、しっかりしているよ、さっさと自分で行くよ”ってあったんですよ」(M) (18)「だけどうちはハンディがありますでしょう、内申点がもうハンデイですよね、だからもういちかばちかっていう感じで度胸試しね、どこもね」(M) (19)「昨日の試験の話を聞いて、本人からまあ数学一題だけ、なんか自分で悔しい思いをしたみたいなんです」(F)

〈第四節〉　面接を振り返って

まず前期、これまでの不登校の経過とそれに対する親の対処が述べられるが【表3】、そのなかで、「人の上に立つような、立派な人になってほしい」「何かのきっかけで学校に行ってほしい」という親なりの期待が多く語られる。

操作的期待 - 行き詰まり - あきらめ

このように、親の枠組から子どもを捉えて、自分の思いどおりになってほしいという期待を、筆者は〈操作的期待〉と呼ぶことにする。操作性については、第三章第一節で「子どもは親の思いどおりになると思っており、親の思い描く子ども像に近づけようとする働きかけ」と定義しているが、その定義に従って、〈操作的期待〉については「子どもは親の思いどおりになると思っており、親の思い描く子ども像に近づけようとする働きかけに基づいた期待」と定義する。

つまり、この〈操作的期待〉が強い場合、親は、子どもは自分の思いどおりになるものであると思っているので、その期待に沿わない子どもは受け入れがたく、期待どおりに動いてくれれば認められるという条件つきの受容ということでもある。また、親の思い描く子ども像に近づけようとするので、それは子ども自身の思い描く希望や願望とはずれる可能性があり、親子の葛藤となる可能性が高い。さらに、親のこの〈操作的期待〉には、「親のこれまで育ってきた環境や体験、親自身の価値基準やものの見方、さらに結婚してからの子育てにおける夫婦関係や祖父母との関係などの影響を受けた、非常に個別的で、個人的な思い」が含まれている。つまり、親の操作性には、非常に個人的な思いが含まれており、それは通常は語られることは少ないが、誰かがそれに関心をもって傾聴することで初めて語られることであり、理解できる内容である。

前期では、親は、子どもは自分の思いどおりになると思い込んでおり、子どものために何とかしようと焦るばかりで、自分の思いどおりに動かそうと「それをいま分かってもらうには、分からせるためには、どうしたらよいかということなのですけど」というように〈操作的期待〉が強く働いているが、そのことすら自覚できず、ただひたすらいろいろと働きかけていくだけである。このような関わりにAは、《親の期待》を敏感に感じ取り、それに合わせることで必死だったのではないか、と考えられる。

そのことは、個人面接でお金のことを気にしていたAに、親に対する気遣いがあったであろうことからも、窺い知ることができる。さらに、作文や絵画など自分を表現するのがAは苦手であり、周りに気を遣うばかりで、自分の感覚に従って素直に表現するというのは、非常に難しい状況であることが感じられた。それだけ親の操作性が強く、子どもの主体性を抑えつけていることが明らかであった。

この時期、子どもに過度に関わり過ぎ、過剰な期待をしていることを、無理にあきらめさせようとしても無駄であり、特に母親は、子どもに期待し「何とかしてやろう」ということで生活を送っている場合が多いので、安易な〝あきらめ〟の介入はかえって逆効果となり、母親をますます不安にさせ、操作的期待に駆り立てたることになる。

中期に入り、面接者が母親の期待を共感的に聴いていくと、母親も少しずつ自分の期待に目を向け、気づき出すようである。そして、自分の期待であることを示すため『……はいくら中学生でも分かっているって、私は思っているんですね』と主語をつけたり、あまり期待をしないでおこうと言いつつ、『あくまでも「本人が動き出そうとしない限り」っていう考えは持ってますので、ただ問題は「きっかけがあれば」と思いまして……』と、さらに深いレベルで別の期待をしていたりする。

このような親の努力にもかかわらず、Aはまったく学校に行く気配を見せない。母親はかなり困惑し、「行き詰まり」をみせる。この時期、母親はかなり不安定となり、『こちらの期待を押しつけても駄目ですね』と言ったかと思うと、急に操作的に働きかけたり、チクッといやみを言ってみたりと、〈操作的期待〉と〝あきらめ〟のあいだを大きく揺れ動いているようである。そしてこの時期、#3の⑫で『子どものそういう姿を見ていて、何にもできないっていうのは、非常に、「どうかしてあげられないのかな」……』という発言にあるように、母親の苦悶のなかから、操作的ではない純粋な「子どもへの思い」というものを感じ始めるようになる。

筆者はこの〈操作的期待〉を含まない、どのようなものさしでも子どもを測ろうとしない、純粋な親としての子どもに対する気持ちを、すべての親がある程度共通してもっている普遍的で、一般的な、子どもの成長を願う期待として〝子どもへの思い〟と呼ぶことにする。この〝子どもへの思い〟とは、「子どもの健康や成長を願う親が一般的に共通して持つ期待であり、子どもを受け入れるのに何らかの条件付けをすることなく、ありのままの姿を受け入れていこうとする思い」というように定義でき、「すべての親が心のどこかに共通に持っている」ごく一般的な思いとして理解できる。そして、行き詰まりのなかで、親の提示する条件に適った場合には認めていこうとする〝操作的な期待〟が弱まり、一切の条件を含まず、ありのままの子どもの姿を認めていく〝子どもへの思い〟が賦活・増大していくプロセスを、〈期待の純化〉として捉えることにする。

またこの時期、母親はかなり不安定になり、苦しくて息もできないほどに悩みに押しつぶされそうになり、「子どものそういう姿を見ていて、何にもできないっていうのは、非常に、どうかしてあげられないのかなとか、やっぱり考えますすけど……」とあるように、苦しい「息詰まり」の状態となるが、この時期に耐え、期待の純化が生じるには母親を支えるものが必要となる。このケースの場合、家族でマラソンを始めたり、父親がAと将棋をさしたりと、家族や夫の支えがあったからこそ、母親はこの時期に耐えられたのではないかと思われる。

後期に入ると、今まで「これでいいのだろうか」と思いつつAにあまり〈操作的期待〉を口にしないで様子を見てきたのが、ある程度自信をもって「まあ最終的には本人の判断にまかせないと、という、そうですね……」と安心してみていられるようになる。これまでの不登校に対する親面接において、「子どもに任せる」ことの重要性が言われてきたが、それは、ここにおいて初めて可能になるのであり、初めから任せられる母親であれば、子どもが不登校になることは少ないと思われる。できるだけ〈操作的期待〉を込めないで会話しようとすると、「いや、あの、それはもう、交通機関ということで連れて行ってもらったという感じなんですよ」というように、話が中立的、そっけないものになる。

しかし、この単なる情報交換のような会話のなかに、親の確かな〝子どもへの思い〟が込められ、子どもも確実にそれを受け取っているようである。前期の〈操作的期待〉の強かった頃は、子どもに対する親の思いやりを何とかして伝えようと、これでもかこれでもかと親が心配し気にしていることを表現していくが、その期待が〈純化〉され、〝子どもへの思い〟が強くなればなるほどそれを表現することはほとんどなくなり、会話が非常にそっけないものになるのはなんとも不思議な感じである。

そして、面接後期に母親から語られた、『「こんな子ども持って大変でしょう」とか言っていました。それで、「ううん、かわいいよ」って〔母親が〕言うと、「バカな子ほどかわいいって言うからね」と言ってましたよ」〔M：

#7」という発言は、子どものありのままの姿を認めた、受容的・支持的な発言であると考えられる。

その後、高校生になり、再び不登校となり、夫婦で相談に訪れるが、そこではさらにはっきりと、夫婦の思いのずれやお互いへの不満が語られる。そのなかで、母親の〝操作性〟の起源として、厳格な家庭で育ったことや、偏差値・学歴へのこだわりがあること、さらに、嫁－姑関係で苦しんでいるときに夫がまったく理解しようとせず、助けてくれなかったことへの怒りが語られる。そして、このような不満や不安が、子どもへの「操作的なこだわり」として表現されたことが語られる。父親も自分が、親としての自信がなく、父親の役割・責任を回避してきたことが語られ、ようやく夫婦が本当に向き合って、話をしようという関係になったのではと考えられる。

このように不登校において、《親の期待》のあり方に注目し、《操作的期待―行き詰まり―あきらめ》という流れがあり、その〝あきらめ〟に至った結果として「子どもの『ありのまま』の姿を認める」という意識をもつようになる。そしてまた〈期待の純化〉という視点から、《期待―期待の純化―子どもへの思い》というように考えると、その面接過程をうまく捉えることができる【図2】。

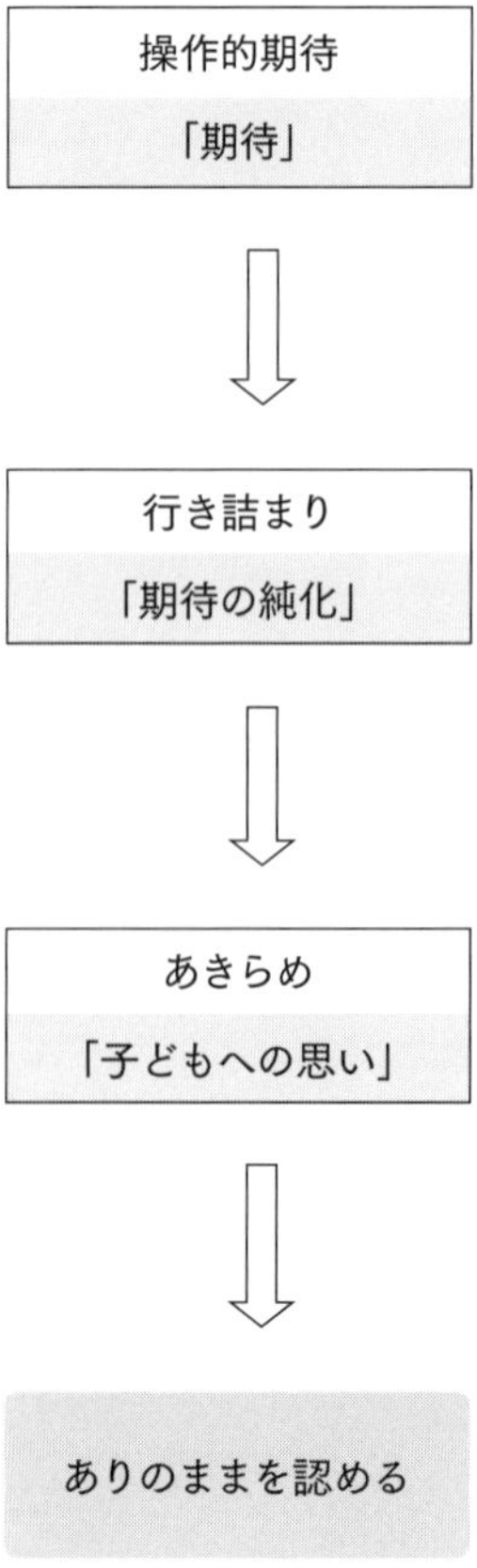

図2　期待のあり方の変化

過保護・過干渉と期待

これまで不登校児の親の態度として、「過保護・過干渉」ということが言われてきた。しかし、「過保護・過干渉」というだけでは、親は自分のしつけの失敗と思い、自分の責任のように感じてしまい、これまでの子育てや対応を責めてしまうことが多い。また、「過」というのは過剰なということであるが、では過剰でない保護、干渉というのはどの程度のものなのか。母親が子どもを育てるうえで、保護し、干渉したりするのは当然であるが、では、「適度な保護・干渉」というのはどの程度のものなのか、判断が難しいと思われる。

このように考えると、「過保護・過干渉」というのは不登校の面接をするうえで非常に分かりにくい言葉のように思われる。それに対し、筆者の提示した「期待のあり方」というのは、面接上かなり有効なように思われる。つまり、「期待する」という言葉には、さまざまな親の気持ちが含まれており、〈操作的期待〉などのネガティブな側面と、もっと基本的な抱え環境[*8]としての〈子どもへの思い〉というポジティブな側面の両方を含んでいると思われる。つまり、「期待」そのものが悪いのではなく、期待のあり方が問題になるのである。さらに親の発言に含まれる期待というのは「学校に行ってほしい」「朝、ちゃんと起きてほしい」「〇〇してほしい」というように、比較的簡単に話題としてとりあげることが可能であり、そのあり方や変化を理解しやすいと思われる。

このように「期待」という概念は、面接をするうえで非常に有効と考えられるが、ここで注意しなければならないのは、この概念はあくまでも面接のひとつの指標として捉えたものであり、不登校の原因や面接の目標ではないのである。したがって、面接において《親の期待》のあり方を変え、あきらめさせようとするのではなく、結果として変わっていくものである、というように筆者は考えている。

不登校支援のポイント

　これまでの不登校の親や家族の面接の報告を見てみると、その多くに共通して見られるものは、次の二つにまとめられる[9,10]――①登校刺激を与えない、②生活のすべてを本人にまかせる。この指摘と、筆者の《操作的期待―行き詰まり―あきらめ》というモデルとを比較し、検討してみたい。

　まず、登校刺激を与えないという指摘をとりあげてみよう。不登校の子どもというのは、学校のことをはじめいろいろなことに非常に敏感になっているので、登校に関するものはもちろん、それ以外の日常生活における「布団を上げろ」「部屋をかたづけろ」「夜は遅くまで起きてないで早く寝ろ」といった発言も、子どもに刺激を与えることになる。このようにいわゆる〈操作的期待〉を含んだ発言に子どもは敏感に反応するのであり、そうさせないで心の平静を図るには、「登校刺激を与えない」というよりは、むしろ「操作的期待をしない」といったほうがより適切な表現のように思われる。

　次に、生活のすべてを本人にまかせるという指摘と比較してみよう。本人にまかせることがなかなかできにくいから親が手や口を出し、子どもの世界に侵入することで、親と子の境界が侵され、不登校が生じ[11]、母親が来談しているのであり、「まかせる」というのは最終的な面接の結果であると思われる。つまり、まかせられない母親がいかに子どもに期待しており、それがいかに行き詰まっていくか、そして子どもへの〈操作的期待〉をあきらめることによって、初めて子どもを認め、まかせられるようになると思われる。「まかせる」ということと「あきらめる」ということは、どこかでつながっていく親の心理であり、ほぼ同じようなことを指していると思われる。したがって、面接のプロセスを見ていくには、ただ単にまかせられるかどうかではなく、操作的期待からどのように行き詰まり、あきらめていくかというプロセスを考えるほうがより理解しやすく、また、不登校児を抱える母親の苦悩を理解し、その気持ちに沿っていくうえでも有効な指標ではないかと考えられる。

これまで、不登校の親面接の指標として、期待のあり方の変化について述べてきたが、そこには当然、面接者の介入というものが必要であり、それにはまず、母親自身が自分の期待に目を向け、主語をつけたり、あまり期待をしないでおこうと発言するなかで、少しずつその期待がとりあげられることになる。さらに、実際の面接過程においては、母親だけではなく、父親が子どもと将棋をさしたり、家族でマラソンに出かけたりというのが、非常に重要であったと考えられる。そのような家族の変化にきちんと目を向け、評価していくことが、面接者に求められるところである。

第五章　ハンディキャップをめぐる家族の関わり

〈第一節〉　子どもに合った見方へのプロセス

てんかんをはじめ、小さい頃にさまざまな身体的ハンディキャップを背負って成長してきた子どもにとっては、その身体的・精神的負担をいかに克服していくかが大切である。しかし、それと同時に、親がいかにそのハンディキャップを受け止め、その変化に対応していくかも問題となる。

つまり、小さい頃に長期にわたる病気や怪我で親が特別なケアをしなければならなかった場合、その子のハンディキャップがそれほど大きなものではなくなっても、家族の対応や接し方、つまり家族システム（期待のあり方）は以前のままであることが多いようである。このような状況に対しては、家族療法的アプローチが有効であると思われる。

病弱児をかかえた家族への心理的援助の必要性を指摘した論考では[*1]、「現代の医学が患者やその家族の人間的な苦悩に適切に応えていない点があるとすると〔略〕その真相を見極めて、人間的苦痛からの回復に向けての援助を模索しなければならない」、と述べられている。そのなかで、病弱児をかかえる親の悩みとして、絶望と願望との葛藤、罪悪感、無力感とそれに根ざした怒りなどを挙げている。これはまさに、その子だけの問題ではなく、子どもを取り巻くシステム、特に家族システムの対応というものの重要性を述べている。親がこれらの問題をかかえ、うまく消化できなかった場合、その結果、子どものパーソナリティ形成において、重大な影響を及ぼし、例えば依存の世界に安住し、主体性が十分に育たないといった点を指摘している。しかし、その心理的援助については、「病気や苦難の中に意味を見つける」とだけ述べているだけで、その細かな技法についてはあまり触れていない。

また、別の論考では、[*2]身体的障害を抱えた子どもの母親にとって、障害者像が子どものままであることによって、自分自身で判断する機会が健常児よりも少なく、大人になっても「子ども」役割を引き受けることになる。その結果、子どもは、「自分は期待されていない、できない子どもなのだ」と行動する前からあきらめてしまい、その分、子どもは母親に依存しつづけ、守ってくれる母親と一体化しようとし続ける、と指摘している。

今回筆者がとりあげるてんかん児の場合、激しい発作が起こる。これは親や家族にとってかなりの心理的インパクトを与え、それに対応した家族システム（期待のあり方）が形成されていくと思われる。親は動揺し、手厚い保護をし、その後、投薬などで発作が少なくなり、日常生活はほとんど普通に営めるようになっても、つい親は、子どもを構いすぎ、過保護となり、年齢より幼く扱ったりする。また逆に、外見上まったく普通の子と変わらないので、「勉強もやればできるはず」と過剰な期待をかけてしまったりするようである。このようなてんかん児への対応については、「てんかんの子どもの全ての親が、子どもの潜在能力がどの程度あるかを正確に知っていて、学校でも家でもその能力を十分に発揮できるように援助するのが理想的であるが、この理想に達している親はほとんどいない」と述べられている。[*3]

つまり、子どもが小さい頃にハンディキャップを背負ってしまうと、それによって過剰に世話したり、あるいは過剰に期待したりして、子どもを等身大の姿で捉えることが難しくなると思われる。また、「てんかん患者の母親の、子どもの教育や就職への期待が大きすぎればすぎるほど、子どもは受動的となり、自立が遅れてしまい母と子との保護―依存という関係はより強化される」と述べ、心理教育的アプローチと戦力的アプローチによる事例を報告し、心理的援助の有効性を述べているものもある。[4]

この親の「期待」という視点はさまざまな意味を含み、日常生活のあらゆる場面に見られ、また、心理臨床場面においてもよく出てくる言葉なので、治療的に有用度が高いと思われる。つまり、子どもはてんかんというハンディキャップを背負って生きてきた家族システム（期待のあり方）のなかに安住し、いざその枠から抜け出そうとしても、親のもつ「この子はハンディがあるので一人では何もできないのだ」という思い込み・信念と、しかし「やればできるはずだ」という期待の、ダブル・バインド状況からなかなか抜け出せずにいるのではないかと思われる。

筆者はこのような、ほとんど身体的ハンディキャップがなくなった場合においても、家族システム（期待のあり方）は依然として子どもがハンディキャップを背負っていたときのままで、子どもの主体性を発揮できないようにしている状況を、『ハンディキャップ後遺症家族』として捉えた。[5] そして、《親の期待》の視点からみた家族療法的アプローチによって、家族システム（期待のあり方）に働きかけることで、《親の期待》のあり方が変化し、子どもの能力にあった見方ができるようになったプロセスについて報告する。

〈第二節〉　小学六年生Bとその家族

〈主訴〉やる気がない　友だちができない
〈クライエントB〉来談時、小学六年生。中程度の知的な遅れ。

〈父〉四十代、自営業、きまじめ、頑張りや、仕事が忙しく子どもたちとは接触が少ない。

〈母〉四十代、専業主婦。明るくない、口うるさく、いい性格ではない、と語る〔母親談〕。

〈兄弟〉兄が二人いるが、長兄は大学生で、すでに家を出ている。正月やお盆に帰ってきたら、たまにBと出かけたりする。中学三年生の次兄は、活発で友人も多く、Bとはペースが合わないので、ほとんどBと遊ぶことはない。

生育歴および家族歴

先天的に心臓に欠陥があり、四歳半で手術を受け、そのせいで小さい頃、遊べなかった。また、先天的に脳の隙間に水がたまり、幼稚園までてんかん発作があった。小学低学年のとき、それが散って脳髄がおかされ、脳波が乱れた。小五までよだれが出たので、友だちから嫌われる。また、走れないこともあり、友だちとも遊べないでいる。脳波の乱れについては、病院で抗てんかん薬を受けてきたが、眠くなる、授業が聞けないなどで、学力も低下。小四から算数のときだけ特別支援学級にいく。そのなかでは元気だが、普通クラスでは、声が出ない、いじめられる、義務が果たせない、など小さくなっている。最近は、発作や脳波の乱れはほとんどなく、医者は「身体的には大丈夫」と言っている。発作もほとんど出なくなっているが、Bは家では何もできず、やる気がなく、また、友人関係もうまく作れないので、保護者より相談の申し込みがある。

母子合同面接までの経過

初回面接は、父・母・Bの三人で来談し、女性セラピストがインテーク面接をおこなう。面接形態として、まず母親のBへの関わりを指導するということで、セラピストが母親面接を、Bが言語によるコミュニケーションがほとんど不可能だったので、筆者がプレイセラピーを実施するというかたちで、母子並行面接を二一回（約一年半）おこなった。

来談当初、Bは非常にひ弱そうで、歩くのも、倒れるようによろけながら歩き、口元も少し開きぎみで、言葉もたどたどしい感じであった。そこで、知的な問題も考えられたので知能検査をおこなった。知能検査は、専門の担当者がWISC（本人十二歳時に実施）をおこない、言語性・動作性ともに低く、総合でも中程度の知的な遅れであった。所見においては、「言語性では、一般的理解・知識は不安定であり、統合力はやや未熟である。動作性も、全体のまとまりは未熟、または時間がかかっており、視―運動系の反応に問題も残している。全体としてみると、中程度の知的な遅れと思われる。パターン化した範囲内での活動は本児のペースが守られれば可能な部分も多いかもしれないが、より応用力を要するときの本児の反応は、統合が未熟であり、混乱しやすいのではないか」ということで、かなり知的な問題もあると思われた。これには、てんかんや抗てんかん薬の影響があると思われたが、明確にすることはできなかった。

プレイセラピー（#1～#21）の経過

Bはプレイセラピーでは、初回、箱庭をした。それは柵に囲まれた飛行場を作り、そこに二機の飛行機を置いただけの簡単なものであった。会話も単語だけのやりとりであり、また、自分から話すことも少なかった。その後、卓球をやるが、なかなか続かないと「やっぱり駄目だ、早く終わろう」と、やや投げ出すようであった。

その後、プラレールが気に入り、特に駅のホームなど人が乗り降りするところに興味があるようで、そのあたりは丁寧に作っていった。筆者がやや手持ち無沙汰を感じていると、「先生も一緒に作ろうよ」と誘ってきたり、「先生、銀色の電車に乗ったことある」「モノレール乗ったことある」としきりに質問してきたりして、一緒に楽しんで関わってほしそうであった。筆者もできるだけBと同じ目線になって、その世界を共有するように関わっていった。

このように、プレイセラピーを続けていくなかで、次第に積極的に遊ぶようになり、言葉もはっきり話すようになった。さらに、母親に対する不満とかも出てきたので、母親との合同面接をおこなっても十分に会話できるのではないかと判断し、また、母親担当セラピストが都合で退職するということで、筆者が母子合同の家族面接を行うことにした。

〈第三節〉　母子合同面接の過程

第二二回目より、筆者がセラピストとして、母子合同による家族療法的アプローチを八回（約半年）おこなった。間隔は、ほぼ月に一回というペースであった。このプロセスを、三つの時期に分けて報告する。『……』〔M〕／「……」〔B〕／〈……〉は、それぞれ母親／B／セラピストの発言を示す。〔　〕内の数字は発言者と発言番号を示す。

前　期（#1〜#3）

母親は、相変わらずBが一人では何もできないことを訴える。『まず、朝起きが嫌で、学校に行くことをいやがり、朝、腹痛や頭痛を訴える』〔M〕と話す。母親は「仮病ではないか」と思っているようだが、他方で『気分的なもので、脳波の影響もあるのかな』と話す。学校では体育を嫌がる。確かに運動能力も劣っているので、体育は大変そうだが、母親はみんなと同じようにやれると思っているようだった。『友だちと遊ぼないのはしょうがないが、勉強も駄目だ。家で勉強する気配が全くない。何をするにもやる気がないみたい、前はできていたことをしない。自発的には何もしない』〔M1〕と、Bの何もできない様子を語る。そうかと思うと、Bが急に高のぞみをしたりする。日常の生活でも、何かと母親が面倒を見ないといけなく、学校に持って行くものの忘れものが多い。それで母親が鞄を見て確認しようとすると、Bはすごくそれを嫌がるということであった。

母親面接においてもこのようなことが話されていたと思われるが、合同面接になり、それを聞いていたBが「いつもお母さんは何かしようとすると口を出す」［B1］と反発する。しかし、それでも母親は構わずに『風呂に入ってもよく洗わず入ったりして汚くしてしまうので、後の者が入れない』［M2］、『トイレに入っても後始末ができない（水を流さないから）』［M3］と、B一人では何もできないと訴える。

【セラピストの介入】

セラピストは、まず母親の『運動もできない』『勉強も駄目』といったBに対する〈負の期待〉（この子には～はできないのでは……）という思いに対し、これまでのプレイにおいて少しずつ体を動かし、野球や水たまりを上手に跳び越えたりすることを伝えていった。また、勉強は苦手かもしれないが、神経衰弱（トランプ）は一生懸命研究し、セラピストに勝つぐらいになり、またオセロも、当初に比べると格段に上達し、トランプなどもきちんとルールにのっとって出来るようになったことを伝えて、B君なりに出来ていることを伝えていった。

またセラピストは、母親のこれらの話を聞いて、Bは母親の言うことは十分に分かっているのだが、なかなか実行するのは難しいと思っているようだったので、まず母親に対する課題として〈Bが何かするとき一切何も言わずに見ておく〉。Bに対しては〈風呂やトイレの後、人に迷惑がかからないようにきちんと後始末をすること〉を約束し、Bと指切りをして終わる。

中　期（#4〜#6）

約束の実行について聞いていくと、母親は『なかなか、毎日顔を合わせて、自分では何もしないのを見ていると、黙っているわけにはいかないですね』［M］と話す。セラピストはBの思いを確認しようと、丁寧にBに尋ねると『自分では少し気をつけている』［B］ようだが、『たまに実行するだけでほとんど前と変わらない』［M］ということであった。Bが何か話をしようとすると、母親がすぐに『ぜんぜん、やってない』と口を出す。しかしそのうち、面接室に入ると母親はできるだけ発言を控えて、下を向いているので、Bの口から実際はどうか少しずつ聞いていけるようになる。「家では部屋の掃除と風呂掃除をするようになった。部屋の掃除は前からやっていたが、風呂は最近始めた」［B］。〈ほんと、じゃ少しずつはやっているのだね、あともう少しだね〉［セラピスト1］と、Bの行動を評価する。母親は来年受験予定の高等養護学校の入試で、面接があることを気にし、Bに『姿勢を正しくしなさい』［M］とか、『足をぶらぶらさせないの』［M］と、一つ一つBの行動に注意する。するとBが「お母さんはいつもうるさい、静かにしなさい」［B］と言うので、セラピストはここだと思い〈お母さんはいつもうるさいのかな？〉「うん、何回も同じことを言う」［B］〈じゃ、一回言えば分かるのかな〉「三回言えばいい」［B］と指を三本出してこたえる。〈なるほど〉と、Mのほうを意識しながら、丁寧に答える。

それから博覧会の話になり、Bは四回も見に行ったことや、大観覧車が終了後近くの遊園地に行くことなど新聞で読んだと話す。夏休みはビデオで映画を見たと言うので何を見たか尋ねると、インディージョーンズを見た。セラピストはアニメか何かと思っていたので驚く。母親は、Bの身体が弱く、運動しないことを気にしているようで、休みの日には外に出て友だちと遊んでほしいようであるが、Bはいやがっている。しかし、学校で一輪車に乗る練習をしていたり、弓道をやってみたいと言って興味を示すようになってくる。まだまだ現実とのギャップは大きいが、少しずつ動きだし、会話もスムーズになってきている。それを母親に伝えると、母親もそれは分かっているらしく、少し安心している様子だった。

母親の態度も以前に比べてだいぶゆとりが持てるようであり、あまり小言を言わないで、待てるようになった感じである。来月は、修学旅行などがあり、少し様子を見るということで面接の間隔を開ける。

次の回、Bより修学旅行のおみやげをもらう。家では、布団の上げおろしをするようになったということで、他の兄弟はそのままで引きっぱなしだが、Bだけはぐちゃぐちゃだが、押入に押し込んでいるということであった。また、『あ、それに最近なんですけど、自分で爪を切るようになりました。今までは「爪切って」と言ってきていたのですけどね』〔M〕と、少しうれしそうに語る。母親がいろいろ話をしようとすると、「しっ、お母さんはだまっとき」〔B〕と制止する。こましゃくれた、小憎らしい感じであったが、少し大人になった感じで、母親は笑いながらBに話を譲る。

Bはまた映画を見に行きたいこと、できればセラピストにも一緒に行ってほしいことなどを話す。Bは結局、初めて一人で、少し離れた町まで行って映画を見てきたということである。まだ、一緒に行ける友だちはいないようで、正月には大学に行っている兄を誘って連れて行ってもらうようである。母親も、『身の回りのことはなんとかやれるようになったが、あとは友だち関係だけですね』〔M4〕と語り、母親としてはできれば普通学級の子どもとも遊んだりして関わってほしいという期待があった。そこで、〈それがいちばん難しいところで、少しずついろんな体験をしながら、Bが学んでいくしかなく、時間がかかるのでは〉と伝える。

【セラピストの関わり】

母親の「この子は何もできない」という思いに対し、セラピストが詳しく話を聞くと、部屋の掃除や風呂の掃除、布団の上げ下ろしはやっているという例外が明らかになる。セラピストはその例外を丁寧に聞いていき、それをBの頑張りとして評価していき、母親の「この子にはできないのでは……」という〈負の期待〉に揺さぶりをかけていく。

また、『姿勢を正しくしなさい』『足をぶらぶらさせないの』と母親が一つ一つBの行動に注意すると、「お母さんはいつもうるさい、静かにしなさい」とBが反発するので、セラピストはそのタイミングをとらえて、〈お母さんはいつもうるさいのかな？〉「うん、何回も同じことを言う」〈じゃ、一回言えば分かるのかな〉「三回言えばいい」と指を三本出してこたえる。〈なるほど〉とBの発言を尊重し、母親の指示的で過剰な関わりをBの発言を通して、明確にしていく。そのやりとりを母親もじっと聞いていた。

さらに、母親が「あとは友だち関係だけですね」と、さらに高いレベルの行動を期待し、それができない現状を批判的にみていくことに対して、筆者は、Bの現状からしてそれはかなり難しいことであり、同世代の子どもとうまくコミュニケーションをとり、関係をつくっていくのは、かなり高度なスキルが必要であり、Bにとってはすぐにそこまでは難しいのではという現実を伝えていった。

後　期（#7～#8）

面接室に入っても、母親はやや落ち着いてBの様子を見ており、Bはかしこまったようなきちんとした態度である。

母親は、今は二階のBの部屋に入ることもなくなり、入ろうとするとBが怒るということで、もうそれにはタッチしないようにし、Bの世界に踏み込むことは母親ももうあきらめたようである。また、たまにBが掃除機を持って部屋に上がるということで、〈たまに掃除とかするのかな？〉ときくと、「いいえ、ぜんぜん」［B］と、それを否定する。最近Bは風呂を沸かすようになり、次兄が自分で沸かして入るとき以外は、風呂はBの仕事になっているようである。〈お母さんはどう、あまり小言は言わなくなった？〉「うん。あまりうるさく言わなくたった」［B2］と答え、母親は苦笑いを浮かべていた。かなりBは自分のことは自分でやれるようになり、母親もあまり指示的なことは言わなくなっているようだ。

ただ、問題は友だち関係であり、先月も同じ支援学級の女の子とけんかして怒られたりした。人とうまく会話するのが難しく、他人のことは考えず、自分の思ったことをストレートに表現し、自分の都合だけで話をする。したがって、外に遊びに行くような友だちもできず、たまにいじめられたりするようだ、と母親が話すと、Bが「そういうときは、やり返す」［B］と、少し勇ましいところもみせるが、まだまだうまく人とつき合っていくのは難しいようであった。また、Bは最近生意気なことを言うようになり、「お母さん、この家は僕がもらうよ」「いま、家とか買おうと思ったら高いんだよ」と言ったり、また「僕は生意気な人間だからね」［B］と言ったりし、少し大人ぶったところを見せたりする。母親もだいぶ余裕が出てきた感じで、『家での生活はだいぶ変わったが、友だち付き合いはまだまだです』［M］。実際、Bのいる特別支援学級にはBを入れて三人しかおらず、他の二人は自閉症傾向なので、一緒に遊ぶというのは難しいようで、普通クラスに行かせたいが、それにはちょっと力が足りないという微妙なところである。また、以前からBが希望していた楽器の練習を母親が先生に頼み、来学期より先生が教えてくれるということで、Bはとても喜んでいた。

今後は、特別支援学校の試験に備え、面接があるのできちっとした受け答えができるようにというのを目指して接して行きたい、と母親は語る。先日も一人で、電車で三つ離れた町まで映画を見に行ったということで、母親もだいぶ安心してみていられるようになったようである。母親は最初の頃とはずいぶん違い、セラピストの話し方をかなり取り入れ、少しBのありのままの姿を見れるようになり、Bの話に耳を傾けた会話かできるようになった感じであった。

【セラピストの関わり】

母親としては、友だち関係へのこだわりがあったが、特別支援学級でのトラブルのように、Bにとっては、子どもとの関係を上手に対処するのは難しいところであることを直面化し、明らかにしていった。それを認めたうえで、Bに受容的に関わってもらうように促した。

また、「そういうときは、やり返す」「お母さん、この家は僕がもらうよ」と勇ましい発言や大人ぶった発言も見られるが、それらはいずれもまだまだ現実味の薄い、幼い感じの発言であった。しかし、セラピストはその話が、Bの自尊感情を満たし、傷ついた心を癒していくうえで必要なプロセスであると考え、傾聴し、尊重して耳を傾けていった。母親もまた、そのBの話を優しく受け止め、受容的・保護的に微笑みながら聴いていけるようになった。

さらに、Bの部屋に入られることを嫌がったり、電車で、一人で映画を見に行ったりという行動は、自立への一歩であり、母親がその芽を摘み取ることがないように、支持的に見守っていけるように母親に伝えていった。

〈第四節〉　面接を振り返って

面接プロセスの概要を【表4】に示す。これに従って考察を述べていく。

親の期待からみた面接プロセス

まず前期、母親が『友だちがいない』『自分では何もしようとしない』〔M1〕と、自分の期待をBに押し付けると、Bは『いつもお母さんは何かしようとすると口を出す』〔B1〕と反発する。

筆者はそれまでのプレイセラピーにおいて、B自身がかなり積極的に動けるようになっており、母親が言うほど何もしようとしないということではないように感じられていた。またB自身も、自分の思いを言葉にして、表現できるようになっており、そのなかには親に対する不満なども出ていたので、それが母子合同面接の場になっても、そのまま発言として出てきたと考えられた。しかし母親としては、これまでほとんど親がしてやってきたので、そのパターンがすっかり出来上がってしまい、家族全体にそのような雰囲気があると思われる。つまり、ハンディキャップをもつBに対する「この子は普通の子と違う」という意識から生まれた家族システムが出来上がっている。これは、「親の絶望と願望の葛藤」や「罪悪感」、さらには「無力感とそれに根ざした怒り」[*5]などが複雑に折り重なって形成されてきたものである。そして母親は『風呂に入ってもよく洗わず入ったりして汚くしてしまうので、後の者が入れない』［M2］、『トイレに入っても後始末ができない』［M3］など、B一人では何もできないと訴える。

これまでの家族システム（期待のあり方）から考えると、Bは一人では何もできず、周りの者が世話しないといけないという認識が出来上がっているため、このように考えるのはむしろ当然のことであった。セラピストはこの母親の子どもを否定的・批判的に見てしまう〈母親の（負の）期待〉に耳を傾け、「何とか普通の子と同じように……」という願いに共感的に耳を傾けながらも、この母親の強い期待が、Bのハンディキャップから立ち直ろうとする微かな動きを見えなくさせていると思われた。つまり、母親の強い〈操作的期待〉が、Bの何とか自立しようとする動きを抑えているのである。

そこで筆者は、Bの『いつもお母さんは何かしようとすると口を出す』［B1］という発言をとりあげ、面接場面において、母親が口を出しBがうるさそうにするとき、その状況を指摘し母親に返していった。そして、家での課題として、母親に「Bが何かしようとするとき一切何も言わずに見ておくこと」、Bとは「風呂やトイレの後、人に迷惑がかからないようにきちんとすること」を約束し、さらに筆者は、それが十分に可能であるという見方を示すため、Bと指切りをして毎回その結果について確認していった。

中期、まず母親のセラピストとの約束の実行について確認する。

母親はほとんど実行できず、『いままで細かくいろいろ言ってきたので、それを言わないでおくというのは難しいですね』と言い訳を言いつつ、いかに自分が口うるさかったかを感じているようであった。また、Bとの約束である風呂やトイレの後始末もあまり守られず、母親は「やはりこの子には無理なのだ」という感じで苛立ち、「厳しく言ってやらないとできないのでは……」と批判的に訴える。母親は自分の思いどおりに動いてくれないBに苛立って、さらに指示的・命令的に関わろうとしていた。

しかし、Bが自分ではやろうと思っているが出来ないですまなさそうにしている姿を見て、母親はちょっとした出来事、例えば先日部屋を片付けたことなどを話し始める。筆者はそれをとりあげ、Bの努力を評価し〈ほんと、じゃ少しずつはやっているのだね、あともう少しだね〉［セラピスト1］とBに返す。このように、筆者はBをあくまでも一人の普通の子どもとして扱い、これまでどんな障害があり、どの程度しかできなかったかはほとんど頭におかず、今のBを見て、Bが考えていることや行動に注目し、耳を傾けていった。

これは、Bを多くのハンディキャップをもった子どもとしてしか見ることのできない母親にとって、さらにはその家族システム（期待のあり方）にとって、大きな揺さぶりとなり、今後の接し方のモデルになっていったと思われる。実際に、母親は少しBの様子を観察するようになり、面接室に入っても少し発言を控え、Bの話に耳を傾けるようになった。さらに、最近Bが布団の上げおろしをするようになったことや爪を自分で切るようになったことに注目し、報告している。さらにBは、部屋の掃除や風呂の掃除をするようになる。筆者は、このような今までのBでは考えられないような例外をとりあげ、評価し返していった。

また、母親が『身の回りのことはなんとかやれるようになったが、あとは友だち関係だけですね』［M4］と言うので、〈それが一番難しいところであり、少しずついろんな経験をしながらBが学んでいくしかなく、時間がかかるのでは……〉と伝える。このように、なかなか母親の思いどおりになってくれないBに対して、セラピストは、Bのできることと、できないことを明確にしていき、実際やれていることを素直に評価する一方で、難しいこと、まだ時間がかかることは、率直に伝えていった。母親は、これまでのBの行動に対して、「やらないのではなく、できないのだ」、あるいは「本人なりに精一杯やっているのだ」ということに気づき、これまでの〈操作的期待〉のあり方が明らかになっていった。そして、母親は自分の期待と、Bの希望・見方とのあいだにずれを感じ、母親として今後どのように接していっていいのかよく分からなくなり、〈行き詰まり〉

の状態となる。

その頃、家族内において、父親はBに対してこれまでは身体が弱いということであまり外に連れ出すということはなかったが、この時期には、休みの日にはBを誘って山登りに行ったり、ゴルフの打ちっぱなしに一緒に連れ出したりしている。Bは最初いやがっていたが、次第について行くようになった。また、次兄も自分は布団の上げおろしなどしないで、引きっぱなしでいるのに、Bがちゃんと押入に押し込んでいるのを見て、Bに対する見方が少しずつ変わっていき、風呂を沸かすのはBの仕事として認めていったようである。Bも「正月には大学に行っているお兄ちゃんを誘って、(映画に)連れて行ってもらいたい」と積極的に働きかけていくようになる。


後期、面接室に入っても母親は自重するように下をうつむき、Bのペースに合わせて、必要なときにゆっくりと話すようになる。

Bは、母親が自分の部屋に入るのを嫌がるということで、できるだけ今は入らないようにしていると、少しずつ世代間の境界も出来つつあるようであった。このような母親について、〈お母さんはどう、あまりうるさく言わなくなった?〉、『うん、あまりうるさく言わなくなった』[B2]。そして母親は、Bの部屋に入ることもなくなり、Bが希望していた楽器の練習を先生に頼んだりして、初期の勉強や身の回りのことなどに対する「やればできるのに……」という期待は薄れていった。そして、Bが同じ特別支援学級の女児とけんかしたときも、Bにとって人と上手く会話したり、関わるのは現実に難しいことであり、Bなりには精一杯やっているということを受け入れることができるようになる。このように、母親がBに対して、自分の思ったように動いてほしいということへのこだわりを断念し、ありのままの姿を認められるようになったと考えられる。

その結果、母親は、できるだけBの要望に沿うようにしていこうということで、あとは『特別支援学校の面

表4　事例Bの面接過程

前期 #1 ｜ #3	@「この子は普通の子と違う」とういう認識から生まれた家族システム(期待のあり方) 1．Bへの過剰な気遣い－普通の子ならここまでできるのに 1)母親が常に生活の面倒を見てきた。→忘れものの確認 2)母親がいないとこの子は何もできないのでは 「友だちがいない」「勉強もだめ」(M1) 「風呂に入ってもよく洗わず入ったりして汚くするので、後の者が入れない」(M2) 「トイレに入っても後始末ができない」(M3) →『母親の期待』(指示的・命令的) 2．Bの反応 「いつもお母さんは何かしようとすると口を出す」(B1) →面接場面において、母親が口を出しBがうるさそうにするとき、取り上げて母親に返す。 3．セラピストの指示(約束) 母親に〈Bが何かしようとするとき、一切何も言わずに見ておく〉 Bに〈風呂やトイレの後、人に迷惑がかからないようにきちんとする〉
中期 #4 ｜ #6	@家族システム(期待のあり方)への揺さぶり―システムのホメオスタシス 1．約束の実行の確認 なかなかできないことに対する母親の正当化 Bの言葉・考えに耳を傾ける 映画の話、一輪車の練習→Bの思い(主体性)の評価(セラピスト)←母親のモデリング 2．例外を見つける 部屋の掃除、風呂の掃除、ふとんの上げおろし→「負の期待」への揺さぶり 3．さらなる母親の期待への対処 「身の回りのことはなんとかやれるようになったが、あとは友だち関係だけですね」(M4) →セラピスト：一足飛びの要求はかえってBを窮屈にする、少しずつ時間をかけて →Bにとってできること、できないことを明確にする　→「明らめる」 →母親の期待の明確化(操作性) 4．Bにとって、難しいと分かっていても、つい期待してしまう母親 →『母親の行き詰まり』
後期 #7 ｜ #8	@現在のBに適した家族システム(期待のあり方) 1．Bとの境界の確立 「今はBの部屋に入ることもなくなった」 2．親や兄弟のBに対する認識の変化 風呂を沸かすのはBの仕事になる 3．Bから母親への素朴な感情表現 「あまりうるさく言わなくなった」(B2) 4．特別支援クラスの女児とけんかして、「人とうまく話すのが難しい」 Bはやらないのではなく、できないのだという認識の再構成 →受容的・支持的な関わり→『母親のあきらめ』(ありのままのBを認めていく)

接に向けて、『頑張ってなんとかやれそうだ』ということで終結となった。

家族システムと期待のあり方

いかに健康な家族システムでも、いやむしろ健康な家族（つまり外界のさまざまな問題に柔軟に対応していける家族）であればあるほど、子どもが小さい頃に身体的障害（ハンディキャップ）をもっている場合、その子どもを受け入れ、支えていくために、家族のシステムを柔軟に変容させていく。そのこと自体はなんら問題のないことだが、大切なのはその身体的障害が成長・発達につれ、少しずつ改善するとかあるいは大きな障害ではなくなったとき、それに対応して家族をいかにうまく変容させていけるかということである。特に、障害が重篤であればあるほど、家族メンバーに与える衝撃や動揺も大きなものであり、各メンバーの心に大きく刻み込まれ、次第にその障害を前提とした対応のパターンが形成されていく。

この相互のパターンの組合せからなる家族システム、およびそのシステムのなかで生まれる《親の期待》のあり方（これを、ここでは〈家族システム（期待のあり方）〉と表現する）というのはかなり強固なものとなり、Bの障害が少しずつ軽減し克服されていっても、それは家族システム（期待のあり方）に対してほとんど影響を及ぼすことがなく、家族システム（期待のあり方）は柔軟性を失い、固定したままになる。例えば、Bの障害への対応として、母親がBの身の周りの世話を細かくみて、また外で無理な運動をしたり、上級生にいじめられたりしないように常に母親の手のとどく範囲において、気にかけ保護してきたことが、Bの障害の改善や克服に際し、今度は逆に足かせとなることが示された。

筆者はこのような家族を〈ハンディキャップ後遺症家族〉として捉え、それに対する家族療法的アプローチの有効性について述べた。つまり、小さい頃からの身体的障害をもった子どもの面接においては、その子どもの身体的・精神的な障害の軽減ないし改善とともに、その家族に対する家族療法的アプローチが必要不可欠であると考えられる。本事例の面接前半の並行面接において、母親はなかなかBの変化・成長というものを認められず、「この子は普通の子と違って、みんなと同じようにはできない」という固定した〈負の期待〉から抜け出せないでいた。そのため、本人とのプレイセラピーにおける変化つまりB自身が障害を克服したり、あるいは障害と付き合ったりしながら自立していこうという動きが少しずつ出てきたが、家族の強力なホメオスタシス（現状維持傾向）により、なかなかそれを確かなものにすることができなかった。

そのようなとき、家族療法的アプローチにより、Bと母親を同席させて、Bの変化を直接示すことで、関係そのものを面接のターゲットにしていった。このような家族療法的アプローチから、ハンディキャップをもつ子どもをかかえた家族に対して期待のあり方を揺さぶり、変容させていく必要があったことが示唆される。

ところで、このように子どもの小さい頃に対応してできた家族システム（期待のあり方）が、子どもが大きくなっても、柔軟性を失い固定したままになるのは、なにも身体的障害のある子どもをもった家族に限ったことではなく、普通の家族においても見られるものである。しかし多くの子どもは、この硬直した家族システム（期待のあり方）に対していわゆる「反抗期」というかたちで、反発し低抗していく。そして、自分が小さい頃できた家族システム（期待のあり方）を揺さぶり、柔軟性を回復させることで、現在の自分にあった、やや親から距離をとった家族システムを創りだしていくと思われる。

これに対し、身体的に障害をもった子どもは、その家族システム（期待のあり方）が自分を保護するために特別に作られた故に、その家族システム（期待のあり方）を揺さぶるような反発・低抗をなかなか示すことが難しく、家族のシステムが本人のわずかな成長に対して柔軟に対応することはほとんど不可能になると思われる。そこに、〈ハンディキャップ後遺症家族〉に対する家族療法的アプローチの必要性がある。そこで、面接者の果たす役割が重要となる。

まず、前半のプレイセラピーは、ほとんど親に反発することのできないBに対し、少しずつ硬直した家族システム（期待のあり方）を揺さぶることができるだけのエネルギーを作り出す時期であったと思われる。初めは、どのように自分を表現していいか分からず、また卓球など自信のなさを示したが、プラレールを作るようになり、積極的に自分の世界を表現するようになり、またセラピストに対しても関わってほしそうであり、みずからいろいろと質問することも出てきた。さらに、身体を動かすことにも少しずつ自信を見せ、母親に対する反発・不満も語られるようになった。

そして、ある程度Bのエネルギーが高まったところで、家族療法的アプローチに移行し、母子合同で面接することで、ハンディキャップ後遺症家族としての硬直した家族システム（期待のあり方）に対し揺さぶりをかけていった。その結果、母親とBを中心として、父親や兄弟を含んだ家族システム（期待のあり方）全体に、変容が生じたものと思われる。

家族療法における期待の変容

家族療法において、子どもの問題行動（例えば不登校など）について話していく場合、ある程度、家族システムを把握していくために、各々のメンバーの言い分を円環的に聞いていく。そして、そこには親のさまざまな期待・願望が持ち込まれてくることが多いようである。

しかし、その言い分だけを聞いていると、そこには各々の思い、考えが含まれているため、家族全員から聞いていくと、かえってその全体の構造が見えにくくなり、もつれ合った家族に面接者自身が巻き込まれてしまうこともある。もつれ合った家族では、各々の期待が、相手のために、子どものためにと言いながら、結局は自分の期待を相手に押し付け、身動きできない状態にしてしまっていることがある。これは、本面接中に語られた母親の『この子のために、これから社会で生活していくためにも……』という発言にみられるものである。これを『私のためにも、（私が）これから社会で生活するためにも……』と言い換えてみると、面接者として納得しやすい場合がある。しかし、筆者はこれをこのまま伝えることはしない。親の「この子のためにも、自分のためにもこの子に立派になって欲しい」という願いはかなり強力なものであり、親としては、子どもを自分の思っているイメージに近づけようと、子どもに指示的・命令的に関わり、さらにそれがうまくいかないと、つい批判的、強制的に厳しく言ってしまうところがあるのである。

『ちゃんと洗ってから風呂に入って欲しい』『トイレも後始末して欲しい』『友だちと一緒に遊んで欲しい』という母親の〈操作的期待〉は、「Bのために」というより、むしろ「母親にいちいち世話をかけないで欲しい」「家にいると気になるので、外で友だちと遊んで欲しい」という母親自身のための期待を多く含んでいるようである。もつれ合った家族ではこのような会話はよくみられ、自分のための期待を相手のためにというかたちで表現するので、言われたほうは、特に子どもの場合、常に面倒を見てもらい、お世話になっているので、その不自然さに気づきながら、どうすることもできず身動きできなくなるようである。子どもにすればそれは大きなお世話であり、うんざりするものであり、Bの『お母さんはいつもうるさい、静かにしなさい』［B］という発言は、そういった《親の期待》の不自然さを見抜き、それに反発しているものと考えられる。

しかし、他方このような押し付けがましい指示的な期待のなかにも、子どもの成長への願い、「なんとか人並みにはやって欲しい」という願いを含んでいる。これを「親の情熱」と述べた論考もあり、[*6]これは人間が一般的（普遍的）にもつ子どもを目の前にしたときの保護者としての思いが生じるためと思われる。これは、動物の親が子どもを外敵から守るために、常に周りや子どもの動きに気を配るという行動にも似た、人間の本能的な部分ではないかと思われる。この親が一般的に子どもに対してもつ成長への期待を、筆者は〝子どもへの思い〟として捉えてきた。

このように期待は、相手を思いどおりに動かそうとする〈操作的期待〉と、保護者としての〝子どもへの思い〟の両方を含んでいると思われる。本章では、この〈操作的期待〉に対して、〝あきらめ〟の重要性を述べてきた。筆者がここで述べる〝あきらめ〟とは、決して子どもを見放したり見捨てたりするという意味ではなく、あまりにBの現実の姿や現状にそぐわない過剰な期待、あるいは親のイメージに近づけようという指示的・命令的な〈操作的期待〉を明らかにするという意味での「あきらめ」であり、このあきらめにより、より素直に、ありのままのBの姿を受け入れられるようになるというポジティヴな意味を含めて用いている。

ゆるしとあきらめ

スタウファー[7]は、「ゆるし」という言葉で、期待をキャンセルすることの重要性を指摘している。このような「あきらめ」や「ゆるし」、また「断念・開き直り・悟り」などはどこか似た雰囲気があり、そのなかからより豊かな、自然な親としての〝子どもへの思い〟が生まれてくるようである。また、自分史という視点からこの期待をとりあげ、自分の父親にもっていた期待を意識化し、それを取り消す「許し」を体験することで、家族神話から離れて「子どものありのままを認められる」ようになったと述べているものもある。[8]しかし、その「ゆるし」の状態に達するには、親が個人的に抱えているいくつかの親の思い（操作的期待）を明らかにし、その操作性への固執を断念することが必要不可欠である。

つまり、障害をもつ子どもを抱えた親にとっては、期待のあり方として、以下のようなプロセスが考えられる。先に、行き詰りから最終的には「ゆるし」に移行すると考えたが、そこに至る前のひとつの段階として、「あきらめ」という段階があるのではと考えられる。

親がさまざまな苦しみのなかで、子どもの障害を受け入れ、ありのままの子どもを認めることで、ゆるしていくことになるが、まずその前に、親の〈操作的期待〉が明らめられ、子どもを自分の思いどおりに動かし、育てようとする操作性への固執を断念する瞬間が必要なのではないか。つまり、親の個人的な思いや社会からの圧力により、過剰に関わらざるを得なくなっている《親の期待》のあり方を明らかにし、そのうえで、「親の思いどおりになってほしい」「親の思い描く像に子どもを近づけたい」という指示・命令的な思いを一部、断念することにより、より子どもの現状に合った、つまり子どもに伝わり、子どもも受け入れやすいようなかたちで、期待を伝えられるようになる。こうして「ゆるし」に至ると考えられる【図3】。

　障害をもつ子どもを抱えた親にとって、「なんとか他の子どもと同じように……」という期待は、親を過剰な養育（指示的・命令的・批判的）に駆り立ててしまう。そこには、親の罪悪感や悲哀、また周囲の目に対する不安や怒り、焦りなどが含まれており、そのなかで、子どもの現実から離れて《親の期待》が過剰に膨らんで、操作的になる【図3】。

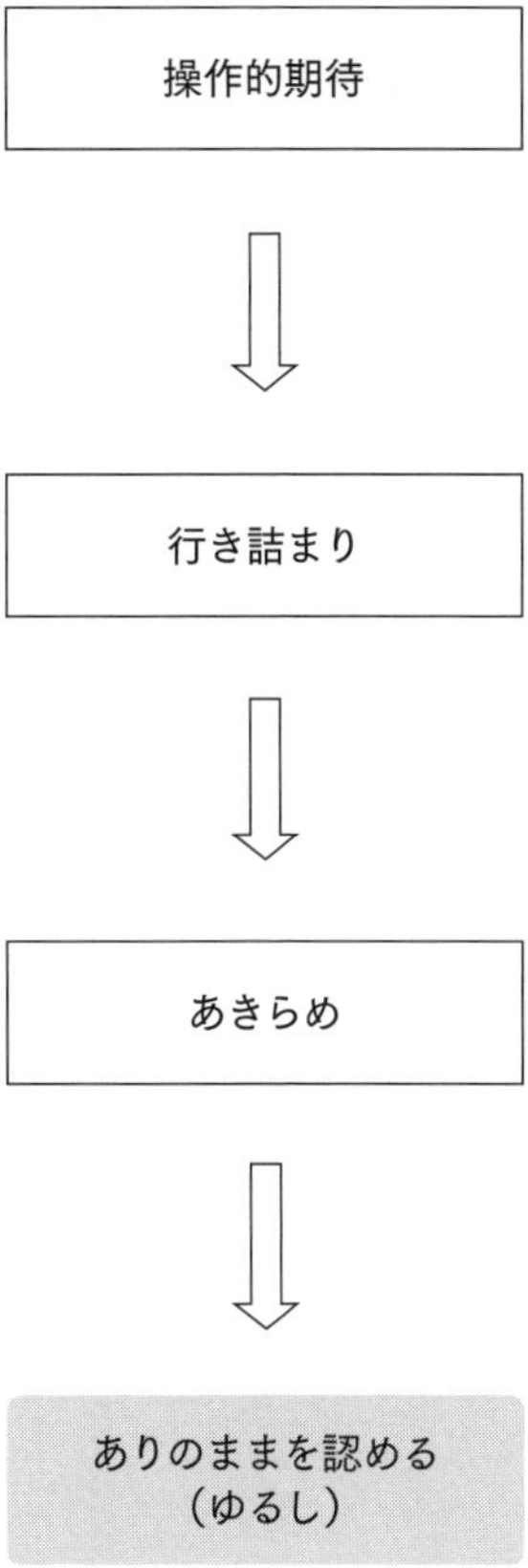

図3　障害児を抱える
親の期待の変容プロセス

この《親の期待》のあり方に目を向けて、親自身が何にこだわり、何をいちばん気にしているかを明らかにしていくこと、さらにそれは子どもにとって本当に大切なことであるのかをじっくりと吟味し、みずからのなかの過剰で操作的な期待の部分への固執を断念するということは、親にとって相当のエネルギーを要することである。

しかし、このような時間と労力をかけることで、《親の期待》のあり方が変容して、親が自分の行動をうまくコントロールできることが、子どもに受けられやすいように期待を伝えることにつながり、「ゆるし」という状態に至ると考えられる。そして、この「ゆるし」の段階においては、《親の期待》は受容的・保護的・支持的なものとなり、ありのままの子どもの姿を受け入れられるようになる。つまり、「ゆるし」に至るには、親の側に、操作性に含まれる自分のこだわりや不安・焦りと向き合うことになり、そのような苦しい状態をセラピストとともに乗り越える〝あきらめ〟（明らめ・諦め）の段階を経る必要がある。

したがって、〝あきらめ〟とは、決して子どもへの関わりそのものを諦めることではなく、また見放し放棄することではない。その操作的な期待のあり方に目を向け、明らかにし、そのなかで、過剰で個人的な思いの強い〈操作的期待〉への固執を断念することである。そしてその結果、親として一般的にもっている〝子どもへの思い〟を素直に表現することができるようになり、その分、子どもにも伝わりやすく、受け入れやすい期待の表現になっていくのである。

〝あきらめ〟の定義において述べたが、あきらめるとは、「思いどおりにしようという操作性への固執を断念し、現状を受け入れること」であり、さらに「心が明るく、晴れやかになること」である。このように〝あきらめ〟とは、親が自分の行動をうまく調整し、子どもに自然に親としての期待を伝えられ、関われるようになるための重要な一段階であると考えられる。

もつれ合った家族の期待

本事例のように多くのハンディキャップを抱えた子どもに対して、親としてはついつい年齢より幼く過保護に関わらざるをえない。そして、そのような家族システム〈期待のあり方〉ができ上がっていくと考えられる。そのハンディキャップがなくなったとき、《親の期待》として「なんとか普通の子と同じように……」という思いが先走り、家族システム〈期待のあり方〉自体はそのままで、普通にできないBに「やればできるのに」という思いが不満となっていく。

そこで、セラピストである筆者は、親の〈操作的期待〉が、Bのわずかな変化を見えにくくさせている点に注目し、今までそのような生活を送っていないのに、突然「普通に」といわれても無理であることを伝え、本人なりにできたわずかなことをとりあげていった。さらに、Bのもつやや現実感に欠けるが社会に対する興味、関心について、じっくりと耳を傾け聞いていく。そこから母親も、子どもなりの考えに耳を傾けることを学んでいったようである。そして、親の枠組みからみていた子どもへの〈操作的期待〉をあきらめ、子どもの能力に沿った対応を考えていけるようになったと思われる。

このように、家族や親との面接において、親のもつ期待に注目することで、もつれ合った家族もそれなりに筋の通ったものとして、理解しやすくなり、また親のもつさまざまな思いをくみ取りやすくなると考えられる。

第六章　親の期待に沿おうとする子ども——迎合的自分と親子関係

〈第一節〉　ほどよい居場所へのプロセス

思春期の子どもたちを見ていると、友人の親との比較や他の家の様子などを気にするようになり、自分の家のありようや雰囲気というものを意識してくるようである。

日本語における「自分」というものを考える際に、筆者は、自分という意識が芽生えるのと同時に、あるいはその前に〝自分の家族〟というものがかなり強く意識されるのではないか、ということに注目している。[*1] 家族と自己の成長について考えると、家族というのは、特に母親がそうだが、生後すぐから絶対依存状態にある子どもを抱え、育んでいく環境として、一体感のなかで不可欠の、あるいは当然のものとして存在しているのである。

したがって、子どもにとっての家族とは、母親の膝の上であり、あるいは、その母子を大きく包み込む父親の腕であったりするので、その存在はことさら意識化されることはないが、あたかも空気のように、なくては生きていけないようなものと考えられる。

このように、幼児期から児童期にかけては、当然のものとしてことさら意識されることのなかった〝自分の家族〟というものが、思春期から青年期において、「うちの家族は……」「わたしの親は……」といったかたちでさまざまに意識化されてくることが多いようである。このことは、すでに述べたように、児童期から思春期にかけて、交友関係の広がりとともに、多くの親や家族に接するようになる、という環境的な要因も関係していると考えられるが、もうひとつ、この時期に「自分は……」という表現を使い始めることにより、自分に対する意識が高まってくることと大きく関係しているようである。

つまり、幼児期から児童期にかけては、絶対的な依存状態からは脱するが、まだ多くの部分を家族の庇護に頼っており、子どもはこの庇護の下において、さまざまな自立の試みを行っているのである。そのなかで、親の発言や考え、価値観は絶対的なものであり、無条件に、そのまま子どもたちには取り入れられ、家族全体が一体となり、ある一つのまとまりのある価値観・雰囲気となり、その家族を取り巻くようになると思われる。

この雰囲気が、家族を外側から守り、また子どもたちを抱えていく環境となっているのである。この状況は、子どもが生まれてからこれまでのあいだに少しずつ、父親や母親の発言や態度を通して生まれてきたその家族独特の雰囲気・文化とでもいえるものである。子どもはこの家族の文化によって、護られそのなかで多くのものを吸収し、その家族メンバーとしてのふさわしい考えや態度を習得していくものと思われる。

ところが、不登校を中心として筆者がこれまで面接してきた多くの子どもたちは、思春期から青年期にかけて、この家族の雰囲気とでもいえるものに、特別な関心、あるいは意識を向け、それに拒絶反応を示すことが多くみられた。

家族の雰囲気に馴染んだり、あるいは馴染みにくく窮屈に感じたりする際に、筆者は不登校児との家族面接を通して《親の期待》というものに注目してきた。つまり、彼らを窮屈にし、家族での居場所を失わせているのは、子どもを自分の思いどおりに動かしていこうとする親の〈操作的期待〉であり、この期待が行き詰まり、あきらめられたときに、子どもは、ありのままの自分を見てもらい、居場所を得ることで、登校へのエネルギーを蓄えることができるのではないか、というものである。

その際に注目したのは、《親の期待》のあり方であったが、本章では、その《親の期待》の醸し出す雰囲気のなかで、子どもがいかに《親の期待》に沿おうとして、本当の自分を表現する機会を失い、自分の感覚を掴むのが難しくなっていくか、ということについて明らかにする。

また家族の雰囲気への馴染みにくさ、居心地の悪さ、さらには不登校といった不適応の問題が、「本当の自分」の感覚を取り戻そうとする訴えではないか、ということについて検討していく。さらに、親の〈操作的期待〉が、次第にあきらめられることが、子どもにとって、程よい居場所を得られるようになることについても考察する。

〈第二節〉　高校二年生Cとその家族

〈主訴〉不登校（高校二年男子生徒の母親が来談、初めは母親のみの面接であったが、後に母子で来談）
〈クライエントC〉十七歳、男子高校二年生。
〈家族〉医師の父親と専業主婦の母親、本人、弟、妹の五人家族。

Cは、高二の夏休み明けから学校に行っていない。朝家を出るが、公園などをぶらぶらして夕方帰るという状況であった。面接は最初母親のみで、その後、母子合同の面接を数回おこなった。

Cは長男であり、父親の後を継いで医者になるのを、小さい頃から暗黙のうちに期待され、父親からも勉強のことをよく言われていた。小学生の頃は、勉強もまあまあ出来、自分でも医者になるのかなとぼんやり思っていた。しかし中学ぐらいから、なんとなく周りの人間関係や勉強についていけなくなり、高校には、なんの実感もなく、ただなんとか通っていたようだった。それも高校二年になり力尽きたという感じであった。

高二で留年し、二度目の高二で、学校に復帰するが、それも長く続かず、不登校となり、再び筆者との個人面接が始まる。以下はその本人との面接の経過である。

〈第三節〉　子どもとの面接過程

面接の経過は、本論に関係する部分を中心に、抜粋して一部を提示する〔#数字は面接の回数〕。

面接過程

［#17（初回面接より九カ月）］　再び学校にいかなくなり、親も心配しているのではと思い父親と話そうと思っていた夜、父親が帰ってくるなり母親に『あいつは行ったのか、行きさえすればすべては解決するのだ』と叫び、さらにCの隣の部屋に来てドア越しに『あいつが学校をやめるのなら俺も仕事をやめるぞ』と言われ、Cは頭にきて夕方家を抜け出す。「（二度目の二年生の）四月ぐらいから、学校に行ってもさせられている感じで、自分でやったという実感が持てず、嫌になってきた」と語る。

［#21］　以前学校の先生が家に来て、性格を決めつけるようなことなどひどいことを言われた。それについてCは『先生からぼろくそ言われても怒れないというか、感情がない』〈怒りたいな、という気持ちは?・〉『ない。「死ね」といわれても「あー、死んだ方がいいのかな」そんなふうにしか思えない。中学の頃、「なんで怒

らないのだ」と言われ「困ったな、そんなこと言われても……」と思った』と語る。

【セラピストの関わり】

親や周りの大人に言われることに対し、C自身の思いを確認し、期待に対する違和感を確かめつつ、期待を拒否・拒絶できるようなエネルギーを高めていった。

[#31（一年一ヵ月）]　母親が来談。『早く自分のペースを取り戻してほしい。あの子は絶対大丈夫。変な方向に走っていく子ではないから、ちゃんと地道なところでやっていくのでは……』と、母親はCのまじめさに期待をよせる。

[#58]　父親は心配性で、気が小さい。小さい頃、父親に何か言われると〝うわっ〟と思ってしまった。四歳の頃は田んぼとかで遊んでよかった、五歳頃より肩がこり、小学校二、三年生からまじめに勉強するようになったが、ドリルや漢字をやるのに、肩こりを我慢しながらあと何問と思いながらやっていた。小学校五年で勉強しなくなり、塾に行かされた。

[#61（一年九ヵ月）]　将来について、『理系の研究者か文学部とかに興味をもっているが、たまにふっと医者になりたいと思うときもあります』。

[#90]　『うち（の家）は、基本的に男二人はいい子なんですよ、特に自分は手のかからないいい子だったんですよ、いい子と言われるのはすごく嫌でしたね、なんか何もないみたいで』と、「いい子」と呼ばれることへの拒否感を示す。

[#96（二年七ヶ月）]　将来について話題となり、『まだよく考えてないが、「医者になったほうがいいのかな」という気も少しはある。母親よりも父親たちのほうが子どもの見方については厳しく、どこどこの息子さんが

○○大学医学部に通ったという話をよくしている』〈お父さんも、一人ぐらいは医者になってほしいのだろうね〉『以前はそう言っていましたけど、いまは言わなくなった。思っているでしょうけど、弟は絶対にならないと言っている』〈やはり医者の息子とか、医者になるのを当然と感じるのかな?〉『はい、僕も小さい頃は医者になるのかなと思っていました』。

【セラピストの関わり】

《親の期待》に応えて、医者になると思ってきたが、それはどのような経緯で形成されてきたのかを明らかにするとともに、《親の期待》は、絶対的なものではないことを、少しずつ伝えていった。

【#98】　小さい頃は考える前に行動するタイプだった、いつの間にか考えて行動するタイプになった。中学の頃「考えすぎてはいけない」と言われた。まじめだった、気が弱いというか神経質だった。学校の先生からやれと言われたらきちんとやらないと……、まじめでいたいというのはあった。

【#104】『人間の本質を見極めたい、何が基準か分からなくなった。なんか宙に浮いているようで、(自分の)足と違うみたい。毎日人格が違う。小学校はまじめさが基準、でも中学は基準がよく分からない。中学は周りに影響され過ぎた、雰囲気に振り回された』。

【#105】　高校をやめた時の気持ちは、『疲れて勉強できなかった、する前にさせられてしまう、させてほしかった。しかし、実際はなかなか自分でやるのは難しく、かといって何もしないと不安になる。高二の頃、家庭教師に来てもらっていたが、その頃何をしていたか、まったく覚えていない』〈中学の頃は?〉『下降線をたどっていた。中学に入り、門の前に先生が立っていて、いやーな感じがした。威圧感があった』。

【セラピストの関わり】

これまで何の疑問や抵抗感もなく《親の期待》に沿ってきたが、「それにはどこか無理があり、違和感があったのでは……」ということを、小さい頃の体験を踏まえて、少しずつ明らかにしていった。

【#108】『（二度目の高二に）復学してからきつかったのは、感情を抑えて装う、演技をするのがきつい。いま思えば小学校の頃から装っていた。中学一年の塾、相当嫌だったが（親に）言えなかった。行きたくないことすら分からず、行ったふりをして帰ってくることがあった』。

【#114】『いろいろ自分に課して、そうせざるを得ない、しないと不安になる。考えれば不安だらけだった。今までは百パーセント、不安。押しつぶされていた。ずっと夢見心地で、鏡を見て「こういう奴がここに存在し、泣いたり笑ったりしているのだな」と（いう感じで、実感がない）。どこにいても安心できない、家でもだめで、自転車でうろうろするのが一番いい』。

【#123（三年二ヵ月）】『陰気な子は生きてはいけないという雰囲気があった。どんどん自分を追いつめていく。そういう思考回路になっている。高校をやめてゼロに戻そうと、でもまだよくつかめていない。小さい頃より、悪いほうに考える癖がついており、いまでも少し駄目だったりすると落ち込んだりする。これに気づいたのが高校に入ってから。それまでは分かっていながら分かっていない。中学の頃から分かっていたけど、気づかないようにしていた、自分で伏せていた』。

【セラピストの関わり】

親や周りの期待に合わせて生きてこざるを得なかったCのこれまでの体験について、正当なものとして傾聴し、共感的に関わりながら、Cの不安や恐怖感などを少しずつ明らかにしていった。

【＃１２５】『やっといま、地に足がついてきた感じ。前はよく自分が地に足が着いてなく、いらだっていた。中学の頃、毎日「違うのだけどなー」と思い、「何であそこであんなことを言ってしまったのだろう」と後悔ばかりしていた』。

【＃１３５】『不安定になり落ち込むのが、小学校では年に数回、中学では週一で、不安定になった。中学のときは気分の高低が激しかった。中学では自分を切り替えて、ハイにして行く、そういう切り替えが嫌になったとき休んだ。高校に行かなくなったのは「もう自分を演じるのはきつい」と思って。「演じるのをやめよう」と思って、それでやったのが、学校に行っても誰ともしゃべらないということ。休み時間も机に顔を伏せていた。でも話しかけられると元気なふりをして話す。家に帰ってもハイのままで、だから朝起きてもきつくなる。「どっかで自分を表現しないと生きていけない」と、いまは思うようになった』。

【＃１４４】『中学は風紀が嫌な感じ、中学の頃ずっと、「ひとつ殻を破って裸の自分を出したいな」と思っていた。殻を破って外に出たい。でもそれは恐怖ですよね』〈恐怖？〉『「ここで裸になれ」と言われているようで。裸になれない自分となれと言っている自分がいた。その頃、すでに分裂していた。本当は心配でたまらないけど……』と冗談っぽく話す。

【＃１４６】『小学校五、六年で、そんなにしゃべるほうでなくなり、お調子者を演じてそこから友人をつくる突破口を開く。よくにこにこしていた。何でそんなに笑うのだと言われ、自分は暗いから明るくしようと思っていたようだ。学校に行っていると自分が分からなくなり自已嫌悪に陥り、学校を休んでいると「自分はここにいた」と思って、また学校に行く。自転車でずっと走って、自分のことだけ考えられたのは気分が良かった』。

【セラピストの関わり】

小さい頃からの親や周りに対する受け止め方や対処について、Cなりの努力を認めるとともに、その対処法ではない、自分にとってもっと自然な体験である行動（自転車）をとることを評価し、支持していった。

【#150（三年一〇ヵ月）】『中学の頃、先生に「考えすぎる」と言われた。そうではあると思ったが、それで精一杯だったので……。いまは、小学生の頃に戻った感じ、自分の思ったことを素直に出せるような（感じ）。（いまの調子は）良くも悪くもなく、本当の自分の位置に着地した感じ。「ここがこんなふうになるのだな」と実感を持てるようになり、だから「こんなふうにすればいいんだな」と前向きに（考えられるようになった）』。

このあとCは、車の免許をとったり、自分なりに勉強していくこと（英会話）を見つけ、少しずつそれをやっていきたいということで、面接は終結とした。

〈第四節〉面接を振り返って

親の期待に沿おうとする自分

Cは小さい頃より、医者になってほしいという《親の期待》をどことなく感じ、何とかそれに応えようとがんばってきた。それは父親の期待でもあり（#95）、また、自分の家が、祖父の時代からの古い医者の家系であったということも、Cにはどことなく感じられていたのではないか。

小さい頃より『小学校二、三年生から、まじめに勉強するようになった』（#58）、『特に自分は手のかからない、いい子だったのですよ』（#90）、『先生からやれと言われたらきちんとやらないと……。まじめでいたいというのはあった』（#98）というように、親の「勉強のできる、まじめでいい子」という期待にできるだけ応えて沿っていこうとしてきたようである。母親の『あの子は絶対大丈夫。変な方向に走っていく子ではないから、ちゃんと地道なところでやっていくのでは……』（#31）という発言に示されるように、「まじめでいい子」という親の絶対的な信念を、Cはなかなか裏切ることはできず、どこまでも「いい子」で居続けなければならないようであった。

しかし、それは、まじめに勉強するようになっても『ドリルや漢字を、肩こりを我慢しながらあと何問と思いながらやった』り、いい子と言われることも『いい子と言われるのはすごく嫌でしたね、なんか何もないみたいで』というように、C本来の感覚をますます押し殺すものであり、小さい頃のCは、《親の期待》に応えようとする迎合的な基盤の上に築き上げられた「自分」だったのである。

さらに、『陰気な子は生きていけないという雰囲気があった』（＃１２３）と言うように、なにか陰気な子は駄目だという雰囲気を感じとり、できるだけ明るくすることを演じ続け、『中学では自分を切り替えハイにしていく、……家に帰ってもハイのままで』（＃１３５）、『小学校五、六年で、そんなにしゃべるほうでなくなり、お調子者を演じてそっから友人をつくる突破口を開く、よくにこにこしていた』（＃１４６）と言うように、学校や家でも気分をハイにして笑顔を作り、その場に迎合した自分を演じ続けてきたようである。

セラピストとしては、そのような周りの期待に合わせて迎合的に生きてきたCに対し、〈怒りたいな、という気持ちは？〉〈医者になるのを当然と感じるのかな？〉と問いかけ、なにか無理している感覚や違和感を感じていることを、明らかにしていった。そのうえで、《親の期待》は絶対的ではなく、拒否したり無視したりできることを伝えていった。

迎合的な自分と本当の自分

しかし、「このような迎合的な自分では、どうもついていけない、やっていけない」という感じになってきたようである。

『中学の頃、「なんで怒らないんだ」と言われ、「困ったな、そんなこと言われても……」と思った』（＃21）、『何が基準か分からなくなった。なんか宙に浮いているようで、（自分の）足と違うみたい、毎日人格が違う』（＃１０４）、『ずっと夢見心地』（＃１１４）、『中学の頃、毎日「違うのだけどなー」と思い』（＃１２５）というように、中学から高校にかけて何か自分でない自分というものを感じてきたようである。

Cにとって家にいることは、何か《親の期待》に沿って、まじめな子、いい子を演じ続けなければならないという感覚があり、いままではできるだけ《親の期待》に沿うことで自分の居場所を得てきたが、この思春期から青年期にかけて『家に帰ってもハイのままで、だから朝起きてもきつくなる。どっかで自分を表現しないと生きて行けない……』（＃１３５）、『どこにいても安心できない、家でもだめで自転車でうろうろするのが一番いい』（＃１１４）という気持ちをもつようになってきたのである。Cにとって、誰にも気をつかうことなく、誰の目も気にすることのない「自転車でうろうろする」ときに初めて「本当の自分」という感覚を、一瞬でも感じることができたのではないだろうか。

さて、《親の期待》に沿うように迎合的な基盤の上に築かれた自分と、本当の自分とは、どのような関係にあったのだろうか。

小さい子どもは、親の言語的・非言語的に伝わってくる期待というものを、細かく的確にキャッチし、その期待に沿うようにみずからを適応させていくと思われる。このみずからを環境に迎合させていくということは、一面では親の姿勢や価値観の取り入れ、同一視といわれるものであり、自己というものを作り出していく基盤となるものである。ところが、その際にどうしても「本当の自分」あるいは「ありのままの自分」とはかけ離れた対応を迫られることが繰り返し起こってくる。これは「命のねじまげ[*2]」と言われるような状況であり、その際、子どもの《親の期待》に「沿えない」「沿いたくない」という気持ちは完全に押し込められてしまうのである。

しかし、子どもは親の要求する期待に「沿えない」「沿いたくない」という気持ちの高まりとともに、それが許されるような状況を見つけては、《親の期待》を無視したり拒否したりして、うまく対処し、本来の自分を表現し、生きる場を見つけていく。つまり「拒絶する能力」[*3]が育成されてくるのである。こうして「迎合的な自分」は、「本当の自分」と橋渡ししたり、その存在を確かめるために、《親の期待》を拒絶したり、あるいは期待を無視して自分のやりたいように「有りのまま」「我がまま」を言ったりするのである。

ところが、Cの場合は、#17の父親の発言に象徴的に示されるように、《親の期待》に沿えない、あるいは沿いたくないということが言える状況ではまったくなかったのである。つまり、動的家族画を用いて行われた研究で、[*4]親との距離が離れていたり、親の方を見ていないということで表現されたように、《親の期待》を否定的に捉えているにもかかわらず、それに抗うことができず、期待に沿うように応えてしまうという非常にストレスフルな状況におかれているのである。

Cにとって、《親の期待》に沿えないということは、だめな子、悪い子であり、その「ついていけない自分」というものは、親にまったく認めてもらえず、さらには『「死ね」と言われても、「あー死んだ方がいいのかな」……』（#21）というように、生きている価値のないものとしか思えない存在になってしまうのである。したがって、《親の期待》に沿っていくのは絶対的であり、「中学一年の塾、相当嫌だったが（親に）言えなかった。行きたくないことすら分からず、行ったふりをして帰ってくることがあった」（#１０８）というように、《親の期待》を拒否することなど不可能であり、考えも及ばないことであったと思われる。

このようなCの思いに対し、セラピストとしては、《親の期待》に沿わないで、拒否することの不安や恐怖に目を向けていった。つまり、迎合的な自分が親から認められ、自分の存在価値を感じることができていたが、《親の期待》に沿わない、迎合的でない自分というものは、まったく想像することができず、自分でもどうしていいか分からないような不安と恐怖の混乱状態であったと思われる。セラピストとしては、その苦しみに共感的に寄り添い、Cの不安や恐怖を抱えていくことで、Cみずからの主体的な動きが出てくるのを見守っていった。

親のあきらめと自分の居場所

《親の期待》に沿って生きていくのが絶対であったCが、その期待についていけない、沿うことができないということを初めて示したのが、不登校という現象であったのではないかと思われる。《親の期待》に沿って、演じ続けることに疲れたCは、まさにドロップ・アウトし、舞台から降りたのである。しかし、Cにとって《親の期待》に沿った、まじめでいい子というのが唯一の拠りどころであり、そうでない自分は生きていく価値のないものになってしまう危険性があった。そこで、筆者は、《親の期待》に沿えない、ついていけないCを、できるだけそのまま、ありのままの姿を認めてもらえる環境をつくろうと、家族療法的アプローチをおこない、母親や父親への介入を行ったが、#17や#31にみられるように、父親の〈操作的期待〉や母親の〝いい子〟の期待はなかなか和らぎそうもなかった。

それでもCは、もうこれ以上自分でない自分を演じ続けるのは嫌だということで、『学校を休んでいると「自分はここにいた」と思って……』（#146）と言うように学校を休むことによって、「本当の自分」を少しでも感じられるようになっていった。さらに、そのうちに勉強を始めて、学校に行くようにちゃんとしてくれるのではという《親の期待》を裏切り、みずから学校に退学の書類を取りに行く。毎日毎日寝ているか、ファミコンをしているかの生活が続くなかで、父親はなかなか押さなかった退学届についに判を押し、また母親は「いつか必要になるのでは」と毎日作っていたお昼のお弁当も作らなくなってしまった。医学部に行って医者になることも、父親は『以前はそう言っていましたけど、いまは言わなくなった』（#96）ように、少しずつ実現が難しくなってきたことを感じていたようである。

このように、勉強して医者になったり、まじめでいい子でいてほしいという《親の期待》も次第にあきらめざるを得なくなった。こうしたなかでCは、親の〈操作的期待〉に沿わない、沿うことのできない駄目な自分でも、家の中に居る場所を得ることになり、ゆっくりと好きな本を読んだり、テレビを見て過ごすことができるようになり、それまで取りたかった車やバイクの免許を取りに行ったりし始める。服なども、それまで母親の買ってきたもので済ませ、自分の好みというのもなかったが、初めて自分で服を買いに出かけたりする。そこでは、できるだけ自分を演じることなく、自分の感覚に素直に生きようという感じであり、『自分の思ったことを素直に出せるような』（＃１５０）生き生きとした「本当の自分」が「迎合的な自分」を通して体験されることになった。つまり、《親の期待》に沿わなくても見捨てられることがないという環境のなかで、初めて『裸になれない自分』が『裸になれと言っている自分』（＃１４４）をそれほどの恐怖を感じることなく、橋渡しし、瞬間的に「本当の自分」として感じられるようになったのである。

親の期待と自分

小さい頃から、とにかく親の言うことは絶対であり、《親の期待》に沿うように、あるいは《親の期待》を裏切らないようにと、一生懸命に迎合的な自分を発展させて生きてきた、いわゆる〝いい子〟にとって、「自分」という意識が芽生える思春期は、それまで親の価値観やものの見方などと一体となっていた家族の雰囲気が、「自らの分」と「家族の分」とが分離する時である。また、性的な潜伏期が終わるということからも、「本当の自分」というものが「迎合的な自分」を許さない、あるいは「これ以上自分を偽っていられない」という感覚が生まれてくる時であると思われる。

したがって、思春期において、子どもがこれまで一体となっていた家族の雰囲気に対して、「なにか、うちの家は違う」「家にいても窮屈で、くつろげない」などの訴えは、いままで《親の期待》に迎合することで、親の思うように動くことで、生きてきた「偽りの自分」の訴えなのである。そこでは、「本当の自分」が一瞬でも陽の目をみることのなかった環境であったということであり、さらには、《親の期待》に沿おうとしない、あるいは沿うことができない、ついていけない自分というものが、受け入れられ、ありのままの姿（本当の自分）で居られる場が、すでに乳幼児期からなかったということでもある。逆に言うと、そういう子どもは、《親の期待》に沿って、いい子でいることでようやく自分の居場所を確保してきたのである。

子どもの訴える家族についての不満や窮屈感は、それが正しいかどうかは別として、まず、その訴えの正当性が認められるべきである。それは、子どもの本当の姿というよりは、迎合的な適応として生きてきた、その苦しみ、つらさについては十分に耳を傾けるべきであるということである。[*5]

しかし、そこで大切なのは、《親の期待》に沿うように迎合的に生きてきた自分は、本当の自分ではない、偽りの自分であるが、では《親の期待》をすべて拒否したり無視していくことで本当の自分が出てきて、迎合的な自分は必要なくなるかというと、そうではない。これについて、「偽りの自分」と「本当の自分」という二分法を使ってしまうことの危険性を指摘した論考もあり、[*6]また「『偽りの自己』の下に、奥に、向こうに（本当の自己が）ある」という二重構造は治療的な誤解を生む、と述べているものもあり、[*7]「偽りの自分」を取り除くと、容易に「本当の自分」が出てくるようなものではないのである。

つまり、《親の期待》に沿うように生きてきた迎合的な自分とは、確かに本来の自分の姿ではないが、「本当の自分」を少しでもそのポテンシャルとして生かそうと動いてきた自分であり、「偽りの自分」を通してしか、「本当の自分」は、陽の目をみることはできないのである。いままであまりにも「本当の自分」と乖離していた、迎合的な「偽りの自分」が、少しでも「本当の自分」を生かせるような自分（偽りの自分）を作り出していくことが大切であり、そのためには、迎合したくない、あるいは迎合できない、つまりは《親の期待》に応えられない、だめな、良くない自分をも認めて、受け入れ、居られるような家族の雰囲気、居場所が必要になるのである。

第Ⅲ部　三者の視点からのアプローチ

第七章　親の操作的期待

〈第一節〉　期待のあり方と両義性

本書でとりあげているケースでは、いずれも親自身が〈操作的期待〉を含めて強い期待を抱いて、子どもを何とかしたいと思って、相談室に来談しているということが考えられる。つまり、親の過剰な期待があるケースであった。

このように、親の過剰な期待があり、その期待の強さが親を相談に来させたということも考えられる。実際の面接では、《親の期待》がもともと高くなく、操作性も弱いケースも考えられる。これを図で示すと、以下のようになる。

親の期待の表出

【図4】に示したように、親の意識として子どもへの期待が強く、特に本研究において取り上げた事例においては、〈操作的期待〉が強い保護者であった。子どもを何とか自分の思いどおりにしたいという操作的な思いであっても、その思いから保護者も相談に訪れることになる。一方、親の意識として、期待の非常に弱い保護者も考えられる【図5】。このような保護者は、子どもに対し〈操作的期待〉や子どもへの思いというものが非常に弱く、実際には子どもに関わろうとする意識も低く、無関心であり、子どもが不登校になっても相談にやってくることはない場合が考えられる。

今回の事例では、《親の期待》が強く、相談に訪れたケースを扱っており、【図5】に示したような《親の期待》の非常に弱いケースについては、本研究ではとりあげていない。ただし、《親の期待》の弱いケースの場合でも、親の無意識のなかには、親の〈操作的期待〉や「子どもへの思い」が含まれており、親が相談機関に来談しないという現実のなかで、《親の期待》のあり方として「子どもへの思い」をいかに賦活させ、増大させていくかは、今後の課題であるが、今回のケースでは扱うことはできなかった。つまり、本論で述べるモデルは、《親の期待》がある程度強いという限定された事例において適用できるものである。

ここで《親の期待》のあり方として、「意識」と「無意識」に分けているが、ここでいう「無意識」とは、一般的に最も広い意味で用いられる「人間の心的過程には、意識できない、より深い無意識過程が存在する」[*1]という意味で考えている。

また、《親の期待》のあり方として、【図4】で示したように、《親の期待》には〈操作的期待〉と「子どもへの思い」の二つの側面が含まれていると考えられる。この二つは、現実には混然として明確

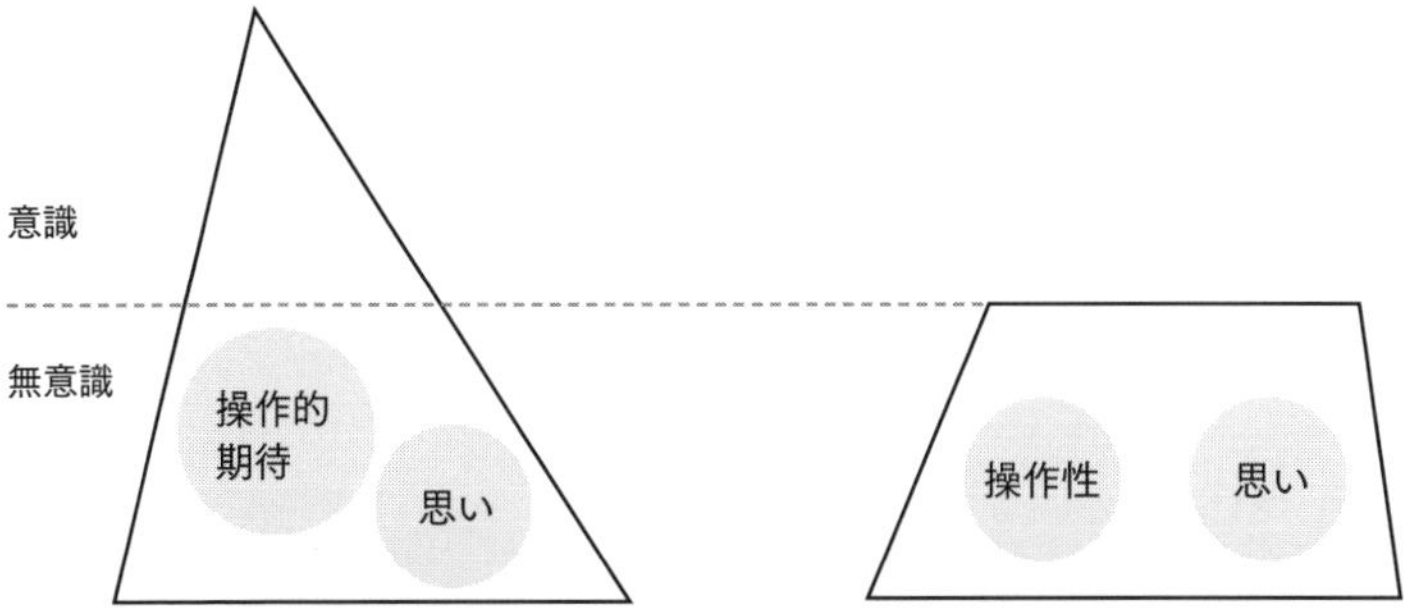

図4 親の期待が強い保護者の場合

図5 親の期待が弱い保護者の場合

に分けられないものであるが、本論では、期待のあり方の理解として、二つの側面があると捉え、二つの円で示している。そして、その〈操作的期待〉と「子どもへの思い」が相対的にどのような強さであるかによって、期待のあり方が決定され、また〈操作的期待〉や子どもへの思いは、時間の経過のなかで、強くなったり弱くなったりして、バランスをとり、期待のあり方も変容していくと考えられる。

期待の両義性

これまでとりあげた三つの事例において、いずれも親のさまざまな期待のあり方が明らかになった。事例Aでは、「人の上に立つような、立派な人になってほしい」「何かのきっかけで学校に行ってほしい」、事例Bでは「友だちをつくってほしい」「自分で、何でもやってほしい」というものであり、また事例Cでは、「医者になってほしい」というような期待が、暗黙の了解として子どもに伝えられていた。

筆者は、《親の期待》において、特に親の枠組みからみた、子どもを自分の思い通りに動かしていこうという期待を〈操作的期待〉と定義し、注目してきた。この操作性は、親にしてみるとほとんど無自覚的な期待であると考えられる。それは、まず親にとって子どもは自分の延長線上の存在であり、また自分の分身として（特に母親にとっては）一体的なものとして存在し、そのような意識で育ててきている。その過程においては小さい頃から、親がすべてのことに手を貸して、食べるにも親が食べさせ、口を拭くのも親がしてやってきているのである。さらに、よかれと思って、子どもに親の気に入った服を着させ、学校に行かせて、スポーツをさせたり、ピアノを習わせたりしてきているのである。実際、事例Cでは、服はすべて親が買ってきたものを何の違和感もなく着ていたのである。

このような状況において、子どもにこのようにしてやりたい、こうなってほしいと期待し願うのは当然であり、それは小学校に入っても全く同じであり、さらには中学、高校に入ってもこうあってほしい、あのようなこともさせたいと操作的になるのは当然のことである。

さらに、事例Bに示されるように、子どもに障害があり、その分、ほとんどのことに親が手を貸して、世話してやることが多かっただけに、親としては「自分がこの子のために、できるだけのことはしてやらないといけない」という思いは一層強くなると考えられる。特に事例Bの場合は、これまでいろいろなことが障害のためできなかったので、「この子は、これもできないのでは……」「普通の子ができているが、うちの子はできないのでは……」という〈負の期待〉[*2]が大きくなり、その分「親が子どものためにできることはしてやらなければいけないのでないか」と思い、操作的になってしまうのは、やむを得ないところである。

さらに、事例Cに示されるように、子どもに医者になってほしいという期待は、暗黙の了解として、この家の祖父の時代からの願いとして期待されていることであり、Cもそれは何となく感じ『僕も小さい頃は、医者になるのかなと思っていました』というように、自分で選択する以前に、否応なしに押し付けられ、何となく刷り込まれていたのではないかと思われる。

これまでの研究[*3]でも示されるように、最近の親はあまり期待を口に出して表現しないようであるが、《親の期待》は口には出さなくても暗黙の了解として子どもに伝わるところがあり、むしろそのほうがかえって子どもたちを縛りつけ、親の思いのままに操作されてしまうところがあるのではないかと考えられる。なぜなら、はっきりと言葉にならないものほど、それをどのように受け止め、どのように拒否したらよいかが分からなくなり、子どもにしてみると抗いようのないもであり、否応なしに迫ってくるものとして感じられるからである。

ただ、この《親の期待》というものが、全面的に問題であるということを言いたいわけではない。子どもが小さいうちは、親が手をかけ、さまざまなことをしてやり育てていく必要があり、また親が子どもに期待することで、子どもはそれに応えて成長し、社会性を身につけていく。[4、5、6] まして、子どもに障害がある場合は、親が世話していろいろなことをしてやる必要があり、ある程度、操作的になるのは当然のことである。また、医師や教師、看護師などは、親の職業の影響を受けて、子どもが親の職業を継承していくというのは、むしろ自然なことであり、[7、8] 現実的にもよくあることである。このように、親として子どもの成長を願い、また、障害がある場合は親として子どもを守って支えていこうとする、親としてのごく普遍的な自然な願いを〝子どもへの思い〟として、捉えることができる。

このように、親のもつ子どもへの期待は、子どもを成長させ、いろんなことにチャレンジしていこうとする動機付け、意欲にもつながっており、さらには、子どもの自尊心や社会性を高める基にもなっており、子どもが将来の進路や職業を決める際の重要な指標になるものである。その一方で、子どもの自主性や主体性を弱め、また自尊心を低下させるという側面もあり、さらには障害を抱えた子どもの変化への兆しを見えなくさせてしまい、加えて、無言の圧力により子どもたちを締めつけ、押しつぶそうとし、精神的にストレスフルな状況に追い込んでいく、ネガティブな側面を持っている。

これは、「基本的課題に対する期待」と「選択的課題に対する期待」の両側面があるととらえることもできる。[9] このように、《親の期待》には、子どもを思いどおりに動かそうとする操作性を含んだ〈操作的期待〉と子どもの基本的な成長や健康を願う「子どもへの思い」の両方の側面が含まれており、それらがバランスをとりながら、絡み合って《親の期待》のあり方を形成していると考えられる。

〈第二節〉 期待の行き詰まりと苦悩

親との面接過程においては、《親の期待》をじっくりと聴いていきながら、何とか《親の期待》が実現できるように親とともに考えていくが、子どもはそれに対してほとんど応えようとしない。

事例Aでは、学校に行ってほしいという《親の期待》に対し、子どもはまったく行く気配を見せない。それに対し「子どものそういう姿を見ていて、何もできないというのは非常に（つらい）、どうかしてあげられないのかな」と何とかしてやりたいという操作的な親の思いが語られ、どうしようもない状況に苦悩し、〈行き詰まり〉の状態となる。ここでいう〈行き詰まり〉とは、字義的には「①先がふさがっていて前進できないこと、場所。②物事がうまくいかず、先へ進まなくなること」〔日本語大辞典〕と定義されているが、本論では、〈操作的期待〉の〈行き詰まり〉ということで、**「子どもが親の思い通りにならず、親の操作的期待に対し、拒否・拒絶をすることで、親の思いが子どもにうまく伝わらなくなること」**と定義する。

事例Bでは、母親とセラピストとの「一切何も言わずに見ておく」という約束に対して、なかなかそれが実行できない母親は、自分がすぐに口を出してしまうことの言い訳を言いながら、次第にそこに目を向け、さらにBの「お母さんはいつもうるさい」という発言が出てきたことで、自分のこれまでの操作的な関わりに直面せざるをえなくなる。そして、これまでの何でも口を出して、手助けしてきたというやり方に行き詰まりを感じ、面接場面ではできるだけ自重し、口をはさまないようにする。それでもつい発言しようとする母親に対しBの『しっ、お母さんは黙っとき』という制止により、母親の操作的な関わりは明確に否定され、「母親は口出しせずに見ていればいいのだ」ということがはっきりと分かってくる。

事例Cにおいても、親の〈操作的期待〉に対する子どもの反応は、不登校という行動で明確に示された。しばらく学校を休んでいたCに対し、「そのうちに勉強を始めて、学校に行くのでは……」と期待していた親に対して、みずから学校に退学届を取りに行くことで、明確に退学の意思を示した。親としては、何とか学校に行ってほしいし、もし学校に行くとなると弁当も必要になるのではと期待し、母親は不登校のあいだも毎日弁当を用意し、父親は退学届にもしばらく判を押さずに、置いたままになっていた。

このような《親の期待》とは裏腹に、Cは全く学校に行く気配は見せず、親としてはどうしようもなくなり、〈行き詰まり〉の状態に陥る。そして、ついには退学届に判を押し、母親の弁当づくりもやめてしまう。つまり、《親の期待》は、ことごとく子どもによって裏切られ、親として

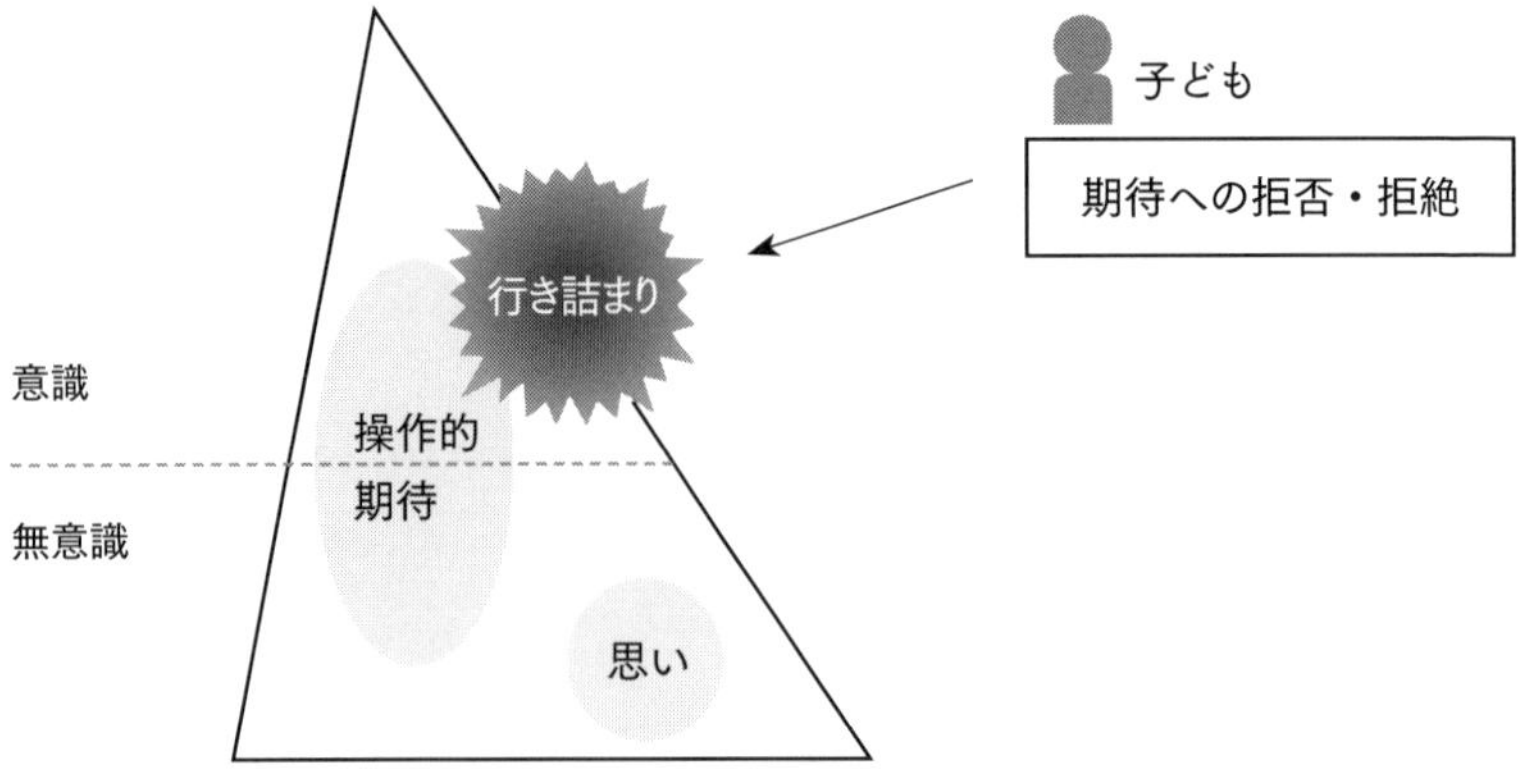

図6　親の期待のあり方：「行き詰まり」

は思いどおりに動いてくれない子どもに対して、苛立ち、苦悩することになるのである。そして、時間の経過とともに、親は期待していたとおりにはならないのだということを受け入れ、あきらめざるを得なくなったのである【図6】。

この行き詰まりの時期は、親にとっても子どもにとってもかなり苦しい時期であり、まさに息をするのも苦しいぐらいの「息詰まり」の時期である。ここで大切なのは、子どもにとってはこれまでずっと《親の期待》に沿って、親の世話になってそれをそのまま受け入れてきたが、今からはもうそれではやっていけないのだ、というみずからの意志であり、いくら期待のプレッシャーをかけられて、息苦しくなっても、流されることなくその場に踏みとどまって、自分の意志を押し通すだけの強さが必要になる。

また親にしてみると、これだけ親が期待して、伝えても、それに沿おうとせず、まったく動こうとしない子どもの姿に、親として子どもに本当は何を望んでいたのか、子どもにどうなってほしいのか、というみずからの期待に目を向けてみることになる。それは確かに子どもの成長や将来のことを願ってではあるが、親の勝手な思い込みや、親自身の個人的思いであり、親の枠組みからみた思いであり、子どもの思いや希望は考慮されていなかった、ということに目を向けることになる。このことは、まさに《親の期待》のあり方が「明らめ」られること、つまり「物事の事情・理由を明らかにすることで、望んでいたことの実現は不可能であることを認める」ことにより、「それ以上固執することを断念」することによって、諦めにつながっていくと考えられる。

〈第三節〉　面接過程における変容

不登校や障害を抱えた子どもの親あるいはその家族が面接に来た場合、まずは子どもの気になる、問題である主訴が語られ、子どもにこうしてほしい、このようになってほしいという親としての期待が語られる。

この《親の期待》は、これまで述べてきたように、親としては当然の思いであり、子どもの成長・発達においては必要なものである。[*10] その一方で、この親の期待には、多くのさまざまな思いが含まれており、特に、子どもを自分の思いどおりに動かしていこうとする操作的な側面がある。筆者はこれを〈操作的期待〉として捉えた。そして、この〈操作的期待〉の変容を中心とした面接のプロセスを

操作的期待 → 行き詰まり → あきらめ → ありのままを認める

のように示した。これは面接場面に見られる親の意識としての期待のあり方の変容である。

期待に含まれる操作性

このプロセスにおいて示されるように、面接初期においては、まず《親の期待》のなかで、〈操作的期待〉に注目することになるが、それは以下に述べるような理由からである。

第一は、操作性には、子どもを自分の思い描いた像に近づけようとする側面が強く、その分、子どもの思い描く希望像や考え方とずれる可能性が高いと考えられるからである。過剰期待という視点から、「親は我が子のためにと大儀を掲げながら子どもへの過剰な期待を生み出していく。親の願いや期待は、必ずしも子どもの身の丈に合った内容であるとは言えず、親の独りよがりな欲求として子どもの心に入り込むことになるのである」、と述べ、《親の期待》と子どもの思いとのずれの問題を指摘しているものもある。[*11] このように、親が、子どもをこのようにしてやりたいという思い（操作性）が強くなればなるほど、独りよがりな欲求となり、子どもの思いとはずれていくのである。

第二の理由として、この操作性というのは、発達的にみたときに、それまで親が子どもの世話をして、手を貸してきたことが多く、小さい頃は親の操作がしやすく、こうしたらと親が勧めると、子どもも素直にそれに従ってきたのであり、またそれは子どもにとっても必要だったのである。ところが、思春期という自分の主体性や自立がテーマとなる時期においては、その操作性が子どもの主体的な意欲や自立を阻むものとして、子どもたちの前に立ち現れることになる。つまり、この操作性は、親が子どもをどれだけ信頼して、どこまで子どもに任せられるか、という自立の問題ともつながってくる重要な視点である。

第三の理由として、〈操作的期待〉というのは、すでに述べたように子どもの成長を願う親の思いとして小さい頃から継続してきているので、親にとっては無自覚・無意識的であることが多い。つまり、子どもに「このような人間になってほしい」「こういうことができるようになってほしい」という《親の期待》は当然であり、それをわざわざ意識して、考えるということがほんとどない。その結果、子どもにとっても無自覚的に当然のこととして受け取られ、無意識に子どものなかに侵入してくるので、その分、プレッシャーは大きく、それに抗ったり、異を唱えたりすることはできなくなってしまうのである。

また、〈操作的期待〉は無自覚的であるがゆえに、無意識的であるともいえ、その背後には非常に多くのさまざまな親の無意識の思いが含まれている可能性があり、親のもつさまざまな思いを理解していく入口として、この親の操作性あるいは〈操作的期待〉は大きな意義をもってくるのである。

第四の理由として、親は自分の子どもに対して、本来は無条件に子どもの存在を認めており、子どもは家庭において、特別な期待を向けられたり、評価されたりすることはないはずである。ところが、「家庭での家族的承認と学校での社会的承認のバランスが崩れつつある」という指摘もあり、[*12] この現状において、親は子どもに対して社会の価値基準を当てはめ、他との比較をし、あらゆることを子どもに期待していくのである。つまり、《親の期待》の操作性のなかには、子どもを他と比較して、価値判断をするという評価が含まれているのである。本来無条件に、認められ受け入れられるはずの家庭（家庭的承認）において、評価を含んだ期待を向けられることで、子どもは、何を期待されているのかを敏感に察知し、その期待に応えようと必死になるのである。つまり、親の〈操作的期待〉には、親の評価や価値観が含まれているのである。

以上の四つの理由により、親の子どもへの理解や親と子の関係などを理解していくうえで、親の〈操作的期待〉は重要な視点となる。

行き詰まり　そして期待の純化

ここまで述べたような理由で、筆者は〈操作的期待〉というものに注目し、そこに焦点を当てながら面接をしていくと、親の〈操作的期待〉は多くの場合、ことごとく子どもに無視や拒否され、子どもは期待どおりには動こうとしないことが多い。この状況において、親は非常に混乱し、困惑、苦悩、さらには怒りや悲しみを感じ、行き詰りの状況となる。そして、親は、自分の思いどおりになってほしいという期待を語りつつ、「あきらめる—あきらめない」という両極のなかで、大きく揺れることになる。これを「期待と失望の大きな振幅」と表現しているものもあるが[*13]、この大きな振幅を揺れながら、「子どもの命と成長を実感したときから、（振幅は）狭まっていった」とあるように、親は行き詰りにおいて大きな揺さぶりを体験し、そのなかで、その振幅が少しずつ小さくなることが〝あきらめ〟であるともいえる。またその揺れのなかで親のもつ操作性が明らかになり、言葉になることで、親のなかの揺れが収まり、諦めへとつながっていくと考えられる。

〝あきらめ〟の「あく」には、「空く」「開く」という意味も含まれ[*14]、これは、スペースができて空間が開かれるという意味があるが、空間ができるにはまずそこにあるものが少し整理され、収められていくことが必要である。したがって、親の心のなかで大きく揺れていた振幅が少し収まり、心に空間が「空く」ことが、〝あきらめ〟へとつながると考えられる。

筆者は、この〈行き詰まり〉の時期を通して、《親の期待》に含まれるさまざまな思いが「明らか」になることで、親の「子どもへの思い」が賦活されてくる〈期待の純化〉がおこることを指摘した〔事例A【図2】〕。〈期待の純化〉が起こる過程では、《親の期待》に含まれる操作性が、面接過程において自由に語られるなかで、表に出てくるとともに、それは子どもとの関係において大きな揺さぶりを受け、親の操作性やその背後にあるさまざまな思いが次第に明らかになってくる。

ここで、親の操作性の理解のひとつの視点として、二つの論考が参考になる。*15、16その論考では、子どもの存在意義の変化について触れ、親にとっての子どもの存在意義が、「投資財」「生産財」（子育ての結果、子どもが将来、老いた自分たちの面倒を見てくれるであろうという期待）から「消費財」（子どもを育てるということ自体に、親の楽しみが反映されること）へ、そして「名誉財」（子どもを「いい子」に育てることが親にとっての名誉またはステイタスであり、子育ての苦労が何らかの見返りとして返ってくることへの期待）へと変化を遂げてきたと述べられている。つまり、最近の少子高齢化のなかで、子どもの存在意義の変化は、親自身がみずからの生きがいを喪失し、親としての社会的役割が家庭の内側だけに向けられ、その結果、子どもが自己実現の手段になっているのではないか、ということである。子育てが親自身の自己実現となり、親の個人的な願望と、親としての一般的な「子どもの思い」の区別がつきにくくなっていると考えられる。

このような親の心の状態を、【図7】に示している。面接の初期においては、《親の期待》として親の個人的な思い（こだわり、押し付け、願望）が多く語られる。しかしそれには、子どもの思いとはずれるところがあり、子どもの拒否や無反応により、親の操作性が揺さぶられることになる。それと同時に、親の本来もっている純粋な親としての「子どもへの思い」というものも明らかになってくる。これは、親が一人の大人としてもっている、多くの親が共通に持っている一般的な（普遍的な）《親の期待》である。

《親の期待》が語られ、言葉にすることで意識化され、期待のあり方が明らめられることになる。その結果、心のなかが少し整理され、空間が生まれることで、親にゆとりができ、そのなかで、親の枠組みからではなく、子どもの視点に立った、何らの前提条件をつけない普遍的・一般的な「子どもへの思い」というものが活性化され、より意識の表面に上がってくる。また、これは親のなかに、一般的な（普遍的な）期待〔図の右側、破

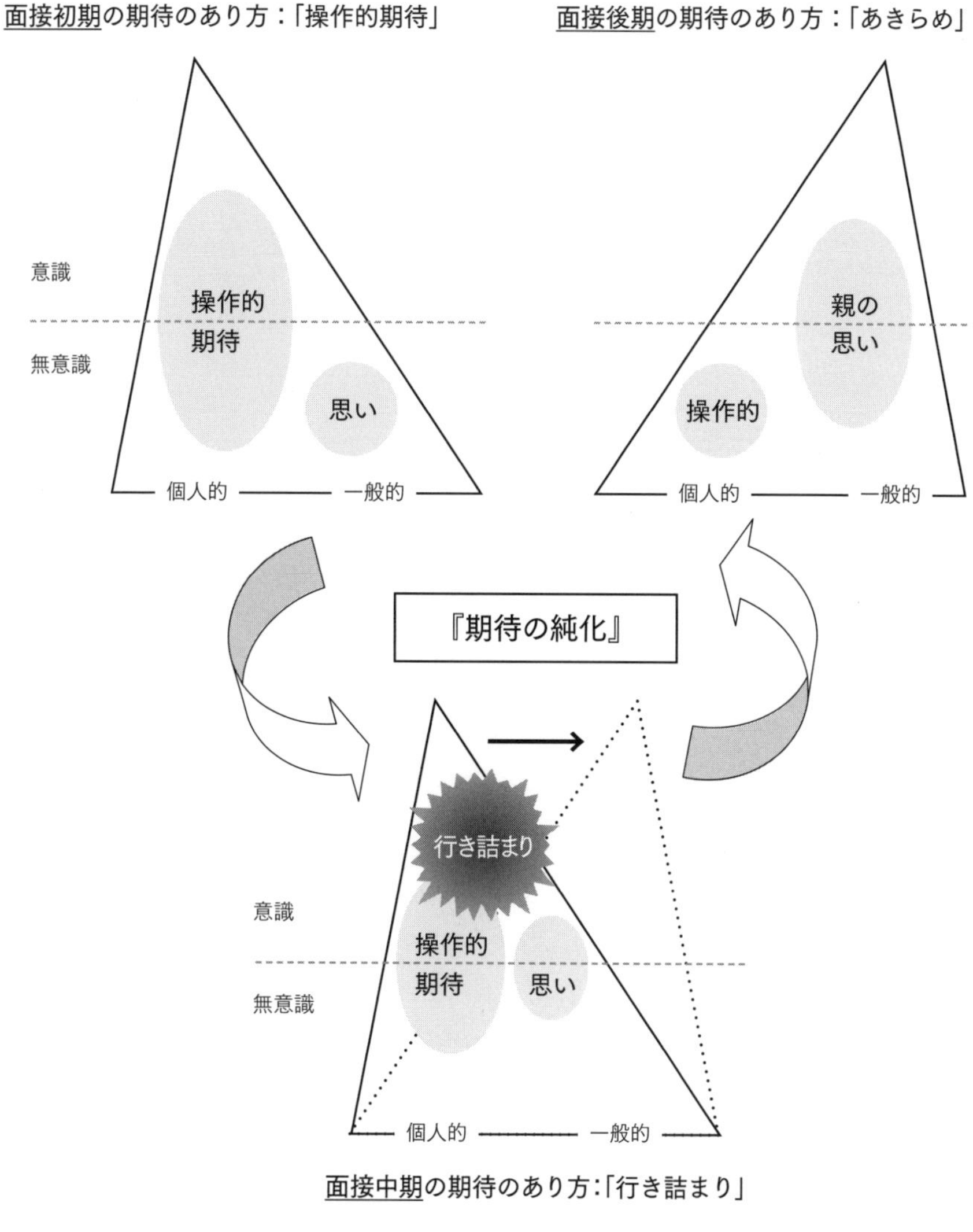

図7　面接過程における「親の期待」のあり方の変容プロセス

線より上の《親の期待》の部分」が活性化されてくるプロセスとしてとられることもできる。

そして、この〈行き詰まり〉を通して、「親の〈操作的期待〉が、明らかになることでコントロール可能となり、操作性が弱まり、他方で親が一般的に持っていると考えられる〝子どもへの思い〞が活性化され、増大していく」ような期待のあり方の変容プロセスを〈期待の純化〉と呼ぶことにする。つまり面接中期において行き詰まりによって親の期待が揺さぶられ、親の個人的な思いよりも、一般的な思いが大きくなるような変容が起こるのである（図中⑦）。〈期待の純化〉によって、期待における一般的な〝子どもへの思い〞が広がり、それは意識の表面にも広がってくることになり、〝子どもへの思い〞に基づいた、より受容的・共感的・支持的な《親の期待》が語られるようになる。

第八章　期待される子どもの視点

〈第一節〉　期待に沿おうとする心理

本章では、前章で述べた《親の期待》のあり方を、子どもの視点から考察する。

事例Aにおいて『先生がこう来てくだされば、「俺も先生が心配してくれているんだな」と思って、何かそれが彼の何かになればと思ったのですよ』とあるように、《親の期待》には、勝手に子どもの気持ちを推測し、そのことにより子どもが何かを感じてくれるだろうという思い込みにより、子どもに侵入的になり、子どもを追い詰めていくところがある。

子どもにしてみると、「そうではない」と否定してみたところで、「では、どうなのか？」と聞かれることは明らかであり、それに対する答えがない限り「何を言っても無駄だ」と思い、伝わらなさ、空しさを感じていると思われる。事例Bにおいても『自分では何もしないのを見ていると、黙っているわけにはいかないですね』といって、Bに対する「自分では何もできないのでは……」という強い〈負の期待〉があり、母親はつい口を出し、操作しようとする。このような親の、この子が「心配なので」「何もしないので」という理由づけは、親として〈操作的期待〉をもち、積極的に関わることを正当化しているのである。子どもにしてみるとそのように言われると、そうなのかとそれに従っていくしかなくなる。

さらに事例Cにおいては、父親が面と向かうことなくドア越しに言い放った『あいつが学校やめるのなら、俺も仕事をやめるぞ』という発言は、脅しともとれるような何ともいえない操作性で、子どもを自分の思いどおりに動かしていこうとする期待である。このような期待のなかで、Cは《親の期待》を刷り込まれ、何となく医者になるのかなという思いを形成していくが、「それもつらいな」と語る。このように、Cの医師への思いは、Cが主体的に選択したものではなく、《親の期待》により押し付けられ、無意識に形成されてきた希望であり、自分にはまったく実感のない思いであった。

これはまさに〝よい子〟[*1]の心理であり、Aが語るように、常にさせられている感じであり、自分の実感・主体感覚を持って判断し、選択しているというものではなかった。《親の期待》には、このような子どもの心の世界を作り出すほどの強力な影響力があり、それに抗うことはなかなか困難なのである。これは、「偽りの自己」[*2]と重なるものであり、《親の期待》に対する「迎合的な自分」として捉えられるものである。そして事例Cにおいて、Cが『違うのだけどなー』と言うように、どこか不全感を抱いており、何らかの不調をきたすことが多くなる。それは、何か学校に行くのがしんどくなるという不登校であったり、心身症的な訴えであったり、家出やひきこもりといった行動で示されることもある。

〈第二節〉　期待に沿えない危機

《親の期待》に対し、子どもは何とかそれに応え、親から認められたい、承認されたいと願うものであるが、それは前節で述べたようにかなり無理をして、自分を押し殺してのことであり、また〝よい子〟としての適応であり、心のどこかでは不全感がつきまとうものである。そして、ついには《親の期待》に沿えないということを、何らかのかたちで表現するときがやってくるのである。

それは、《親の期待》があまりに大きすぎたり、親の枠組みからの理解であり子どもの思いとずれていたり、あるいは暗黙の了解として伝えられ、漠然としていて、子ども自身がそれに応えようと思っても、それについていけないと感じたり、どうしていいか分らなくなるときである。

事例Aの「人の上に立つような、立派な人になってほしい」という期待や、事例Bの「普通の子と同じように」「この子も立派になってほしい」という期待、さらに事例Cにおける「(学校に)行きさえすればすべては解決するのだ」という発言を通して、今後勉強をして立派な大人になり、また立派な医者になって親の後を継いでほしいという《親の期待》が見え隠れする。

このような非常に大きな〈操作的期待〉を向けられて、それに応えられないということは、親に自分の存在を認めてもらうという承認欲求[*3]を満たす方法を失うことになり、子どもの存在そのものが揺さぶられる危機的な状況となる。それはＣが語るように「生きている価値のないもの」としか思えない存在に感じられ、自己評価の低い、実感の持ちにくい自己を形成し、日々、不安や恐怖を感じるようになる。

この〈行き詰まり〉の時期は、親にとって〝あきらめ〟をめぐって大きく揺れる時期であるが、子どもも同じように親の〈操作的期待〉のなかで、自分はどこまでやれて、どこからは難しいのかが「明らか」になるときであり、それはまた非常につらい、苦しい危機的な体験である。子どもにとっての行き詰まりにおける危機的な側面は、次の二つの視点からとらえられる。

子どもの危機のひとつとして、まずは「親が向けてくるさまざまな期待に応えられない」という事実がある。それは親に大きな落胆や悲しみをもたらすものである。事例Ａの母親も、まったく動かない子どもに苛立ち、チクッと嫌みを言ったりしながら苦悶する。その姿をＡは見ていかないといけない。事例Ｂでも、行き詰まりにおいて母親の苛立ちの表情や厳しくなる口調を感じ、さらに事例Ｃでも、高校中退という現実、つまり医師になるのはほとんど不可能であるという事実を親につきつけることになり、父親の激しい動揺や狼狽に直面することになる。このような親の困惑、苦悶や狼狽を目にすることになり、子ども自身がそれを受け止めていかざるを得ないということである。自分のせいで、親がここまで苦しんで、悲しんでいるのを見るのは、子どもにとってもつらいものがあると考えられる。場合によっては、自分のせいでと自責的になることもありうる。

さらにもうひとつの危機は、子ども自身が、自分のできること、できないことに直面し、それが「明らめ」られていくというつらさ、苦しみである。事例Ａでは、出席日数の関係で、公立高校への進学は絶望的であるという現実が明らかになり、それを受け止めていかざるをえなくなる。事例Ｂにおいて、風呂の掃除やトイレの後始末など母親はＢにはできないと言っていたが、Ｂはきちんとできるようになり母親を驚かせることになるが、他方で母親の期待する「友だちをつくっていくこと」や「勉強ができるようになる」ということは、やはりBにはかなり難しいことであり、すぐには解決できないことをB自身も直面し、受け入れていかざるを得ない部分であった。また事例Cにおいても、最終的には自ら高校中退ということを選択したわけであるが、それは、本人の主体的な感覚に基づき、自分を取り戻すための必要な判断として大事な決断ではあった。しかし、他方で高校中退後の進路や就職の道は狭まっていくという現実的な面も明らかになり、そのことを子ども自身も受け止めていかなければならないという、苦しい、危機的な状況であった。

このように、親の行き詰まりの状況のなかで、親自身が見せる苦しみや悲しみの表情を、子どもは目の当りにし、それを受け止めていかないといけないこと、また子ども自身が期待に沿わないことに伴う現実に直面し、受け止めていかざるを得ないということは、子どもにとっても、大きな危機的な状況であると考えられる。

〈第三節〉 迎合的な自分と本当の自分

親の操作的な期待が明らかになり、あきらめられていくとき、子ども自身も、それまでの迎合的な自分ではなく、本来の自分を形成していかないといけなくなる。つまり、親の「中立的、そっけない」会話により、親は子どもに任せて、見守るようになっていく。そのなかで、子どもは自分で判断をして、行動することを迫られることになる。まさに親の操作性がなくなるということは、子どもが自分でどこまでやれるかという、主体性・自律性が問われることになる。

これまで親の庇護の下で成長し、《親の期待》に沿うようなかたちで社会性を身につけ、また《親の期待》を裏切らないように、迎合的な自分を発展させて生きてくることで親の承認を得てきた子どもにとって、思春期という時期は、まさに「自らの分」と「家族の分」とが分離されていく時期であり、《親の期待》に沿っていくだけでは生きていけなくなる時期である。

これはすべての子どもたちに見られる成長の過程であるが、特に外的な環境としての「親の強い操作的期待」にみずからを合わせて生きてきた子どもにとっては、まさに「命のねじまげ」[*4]と言われるような状況にあり、どこかで《親の期待》に「沿えない」「沿いたくない」という思いがあるが、それが押し込められたまま成長してきているのである。その命のねじまげが、《親の期待》の〝あきらめ〟という環境の変化により、再び子どもが「命ののびやかさ」を取り戻していき、みずからの成長を始める時期であると考えられる。

そこでまず、「迎合的な自分」が変わるためには、《親の期待》に沿わないことを実行する必要がある。それには、《親の期待》に対し「拒絶する能力」[*5]が形成されてくることが大切であり、《親の期待》を絶対的なものとしてではなく、拒絶したり無視したりできることを、実感として体験していく必要がある。親の〈操作的期待〉を拒絶し、「我がまま」な自分を表現し、「ありのままの」姿でいても大丈夫なのだと思えることが、「本当の自分」を少しずつ形成していくことにつながるのである。

事例Bにおいては、プレイセラピーの過程を通して、少しずつ自分の意思を表現できるようになり、親への拒否・反発が可能になっていったと考えられる。そして、事例Cにおいて、「やっといま地に足がついてきた感じ」〔#125〕と語られるように、自分の存在を実感として感じ取れるような、いわゆる「主体感覚」[*6]を取り戻すことが、迎合的な自分から本当の自分への変容につながっていくのである。

この〝あきらめ〟の時期において、子どもは「本当の自分」を少しずつ感じ取れるようになるのであるが、簡単に「偽りの自分」と「本当の自分」があるというような二分法によって、理解するのは危険であるという論考もあり、[*7]また「偽りの自己の下に、奥に、向こうに、(本当の自分が)あるという二重構造は、治療的な誤解を生む」と指摘されるように、[*8]迎合的な自分(偽りの自己)がなくなれば、自然にその奥から「本当の自分」が出てくるというものではない。つまり、《親の期待》に沿って、迎合的に生きてきた自分もまた「本当の自分」の一部であり、迎合的な自分を生かしながら、それを通して少しでも「本当の自分」が陽の目を見ることができるようになるのであり、迎合的な自分を活用しながら、少しずつ本当の自分が形成されていくことになるのである。

このように、この〝あきらめ〟の時期は、《親の期待》のあり方が明らかになっていくとともに、子どもにとっても自分のありようが明らかになり、子ども自身の主体性を取り戻す重要な時期であると考えられる。

第九章　期待へのアプローチ——セラピストの関わり

第七章で、《親の期待》のあり方について述べ、第八章では、子どもから見た《親の期待》について述べた。

本章では、面接過程を通して、その《親の期待》に対して、セラピストとして、どのようにかかわっていったらよいかという点について述べていく。親面接において、あるいは家族との面接において、子どもの不登校や適応の問題が語られることが多い。そこには、必然的に親の思いや期待が語られる。時にはその期待が過剰であり、子どもにとってはかなり負担に感じられたり、セラピストにとっても現実とはかなりかい離した期待であるように感じられることもある。

しかし、だからと言ってその期待を弱めようとしたり、変えようとすると、親にとっては、理解してもらえない、分かってもらえないと感じることになりやすい。セラピストにとっても、親の過剰な期待を聞くのは、子どもの立場に立って、苦しくなったり、追い詰められるように感じることもある。したがって、《親の期待》に注目しながら、セラピストとして、どのようにその期待を理解し、どのような介入を行っていくのかを、セラピストの視点から述べることにする。

〈第一節〉 期待の正当性と共感的理解

第七章において述べたように、面接場面においては、さまざまな《親の期待》が語られる。そのなかには、親の〈操作的期待〉や子どもへの思いなど、親自身もよく自覚していないさまざまな思いがある。事例Aの考察において述べたように、親の過保護・過干渉といわれるような内容を含んでいたり、さらには事例Bにおける「この子は親が手を貸してやらないと何もできないのだ」という負の期待[*1]などが、含まれている。

しかし、そのような《親の期待》は、これまでの子どもの成長や障害を抱えた子どもの発達にとっては、当然のことであり、その期待がこれまでの子どもの成長を支えてきたのであり、また親の子育てを支えてきたのである。したがって、面接場面においては、そのような《親の期待》は正当なものとして評価される必要がある。

実際にセラピストとして《親の期待》に耳を傾けていくと、事例Bでは、先天的な脳障害やてんかん発作という病気を抱え、小さい頃に手術も体験しており、子どものことが心配になり、あれこれと口出しして、手を出して助けてやろうと思うのはもっともである。また事例Cでは、代々続く医師の家系において、父親もCに医師になることを期待し、それを受けて母親も父親の期待に応えるように子どもを育てていこうとするのはやむを得ないことであり、それぞれの期待の内容を共感的に聞いていった。《親の期待》に素直に耳を傾けていくことによって、親自身もあまり気づいていなかった親の個人的な願望や「現実的で実利的な期待[*2]」（よい成績、よい大学に入ること、親のできなかった夢を実現すること）などが語られることがある。

このように、まずは《親の期待》に耳を傾け、共感的に聞いていくことで、期待の内容がさらに細かく、これまでの経緯も含めて語られるようになる。

最近の親はあまり子どもに対して期待を口にしないようであるという考察もあり[*3]、また、《親の期待》がイメージから離れ、独り歩きするときに過剰になるのではと述べ、「不登校の家庭では、このような（期待の）イメージを家族の間で話し合ってきたような雰囲気に乏しい」と指摘し、イメージとしての期待を夫婦や家族で語り合うことを勧めているものもある[*4]。実際に、面接の場でも親としては、それほど期待はしていないと語りながら、実は多くのイメージを持ち、それを子どもに期待しているということがよく見られるところである。

さらに、期待を口にしないということは、期待がないということではなく暗黙の了解として、さらに深いレベルで期待されている場合があり、事例Aでは「人の上に立つような、立派な人物になってほしい」と期待されるが、これはまさに「期待があることだけを感じさせ、どんな期待であるかを明らかにしない場合は、期待をかけられた側としては、『得体のしれない期待』であり、不気味さがあり子どもたちを混乱させる[*5]」という状況に追い込んでいくような、曖昧で、分かりにくい期待である。つまり、「立派になる」とはどういうことか、非常に抽象的であり、子どもとしてそれに具体的にどう応えていったらよいのかが分からないのである。さらに、事例Cに見られるように「小さい頃から、何となく自分も医者になるのかな」と感じてきており、暗黙の了解として受けとり、期待が表立って話題になることなく、子どもたちに無言の圧力をかけることになる。

このような状況にあって、まずは《親の期待》を自由に語ってもらうことが大切であり、特に、「文化的環境が整っている家庭の場合は、子どもに期待を明確に示さずに、子どもの自主性に任せており、子どもも親から期待を明言されずとも、暗黙裡に理解している」[*6]というところがある。そこでこの暗黙裡になっている親の子どもへの期待を、面接場面という安心して話せる場において、自由に語ってもらうことが、《親の期待》のあり方を理解していく第一歩となるのである。

〈第二節〉期待のあり方への関わり

《親の期待》が十分に語られていく面接プロセスにおいては、セラピストのなかで少し違和感が感じられるときがある。

そのひとつは、その期待や思いは誰のものであるかが不明確であり、親と子の気持ちがごちゃまぜになっているときである。そのようなときにセラピストは『それはお母さん（お父さん）の思いですか？』『子どもさんもそう言っているのですか？』と、その話の主語は誰であるかを明確にするように尋ねてみる。これまで述べたように、子どもを自分の延長線上に、あるいは障害があり親がずっと面倒を見てこざるをえなかったという流れのなかで、どれが親の思いであり、どこからが子どもの思い、希望であるのかが明確に区別して感じられなくなっているので、親にしてみると自分と子どもの思いにずれがあることが見えにくくなっているのである。《親の期待》と子どもの目標とのあいだにはずれがあるものだが、そのずれに目を向けて、それを修正したり、折り合いを付けたりしていくことが難しくなっているという指摘もある。[*7]

これは事例Bにおいて見られるように、親子のあいだのバウンダリー（世代間境界）の問題としても理解でき、親と子どものあいだの世代間境界が弱いと、勝手に部屋に入ったり、カバンの中を見たりと侵入的になり、親と子どもが別の人間であるという意識が希薄になる。その結果、語られる期待が、親の思いであるのか、子どもの思いであるのかが不明瞭になり、そのずれも見えにくくなると考えられる。

したがって、面接場面においては、その期待が誰の思いであるのかを明確にしていくこと、つまり「主語の明確化」を進めていくことで、親と子どもの認識の違い、ずれを少しずつ明らかにすることになる。

また事例Bのように、母子同席での面接においては、「この子は親が手助けしなければ何もできないのではないか……」という〈負の期待〉[*8]からの発言に対して、『いつもお母さんは何かしようとすると口を出す』［B］と《親の期待》と子どもの思いとのずれ、差異が面接場面において直接明確になることもあり、親の一方的な思い込みや「親の枠組みからみた理解」がとりあげられ、目を向けていくことが可能になる。

また《親の期待》のなかには、その期待が誰によって作られ、誰のために必要な期待なのかがあいまいな感じのするものがある。つまり、「子どものために……」と思いながら、どうもそうではないと感じられ、セラピストのなかに違和感が感じられるときがある。

事例Aの『必然的に人前でやらなきゃいけない、人をリードする立場は大人になってからも出ますからね、ですから小さいうちにそれを覚えておかないと、それでやらせたのですよ』という母親の発言において、人をリードする立場というのは、Aが望んでいることであり、Aの思いなのかというと、どうもそうではなく、親のなかにある「大人になって人をリードする立場」というものへの何か思い入れがあるように感じられた。

事例Cにおける『(学校に)行きさえすればすべては解決するのだ』という父親の発言があるが、この解決とは何であるか、行くことによってCの何が解決されるのか、がよく分からないところがある。おそらく父親にとっては、Cが学校に行くことによって、すべては解決され、満足できる結果であると思えるのであろう。このように、子どものことを語りながら、そこにはどうしても親の個人的な思いや価値観が入り込んでくることが多い。ある論考では[*9]、スポーツの場合を例にあげ、小さい頃からの《親の期待》による猛烈特訓に耐えて、スポーツの世界で成功する場合でも、「父親が子どもに過大な期待をよせ、『子どもの人生を親が生きた』だけではないのだろうか」と述べている。このように、子どもの人生に親の人生を重ね、自分のできなかった「人をリードする立場」や「立派な医者」になってほしいという期待が生じている可能性があり、まさに親の個人的な思いから操作的になるのである。そこにセラピストとしては、違和感を感じることになり、その期待は、誰にとって必要なものであるのかを少しずつ明らかにしていくことになる。

《親の期待》が操作的になる起源としては、現在の社会における子どもの存在意義の変化とも関わり、「親自身が自らの生きがいを喪失し、親としての社会的役割が家庭の内側だけに向けられ、その結果子どもが自己実現の手段になっている[*10]」という現状とも大きく関わっており、子どもの社会的評価が、親の評価につながっていると考えられる。そして、このような社会的な変化のなかで、子どもはますます親の操作的な期待に絡めとられ、子ども自身が自分の人生を実感として生きていくのが難しくなっているのである。

このように、面接場面ではできるだけ多くの《親の期待》に関して語ってもらうことで、その期待と子どもの思いとのずれが明らかになる。さらにその〈操作的期待〉の起源となっているような、期待の背後にあるさまざまな親の願望や葛藤、親の果たせなかった夢や親の自己実現としての子育てによる社会的評価など、が明らかになることで、《親の期待》のあり方に少しずつ意識が向けられるようになるのである。

ここで述べる起源とは、「物事の起こり、始まり」〔新明解国語辞典〕という意味で、「親が子どもは自分の思いどおりになると思っているのは、どのような親の体験や理解から生じてきたのか」を示すものである。そして、親の操作性の起源としては、親自身が小さい頃に経験したことや、満たされなかった願望から生じてきている部分がある。これは、親のもつ子どもへのイメージやこだわりとして表現される。さらには、夫婦として結婚し、実際に子どもを産み育てていくなかで形成されてくる《親の期待》もある。そこには、夫婦関係の影響や実家の親からの影響、さらには社会の価値観や規範からの圧力による影響も含まれる。このような多くの親の体験や関係性のなかで、〈操作的期待〉は形成されてきているのである。

そして、このような〈操作的期待〉の起源に対して、優しく目を向けていくことが、《親の期待》のあり方を明らかにし、その操作性をコントロールし、うまく調整することができるようになると考えられる。

〈第三節〉　行き詰まりを支える

《親の期待》と子どもの思いとのずれが明らかになり、さらには、そこに含まれる操作性が明らかになるなかで、親は「では、私はどうしたらよいのか」という混乱に陥り、何をやっても子どもは動かないという手詰まり感を感じ、〈行き詰まり〉の状態となる。これは親にしてみると、これまでの子育てや自分の生活・価値観までもが大きく揺さぶられる危機的体験であり、そこにはそれを支える「抱え環境」が必要になる。「抱え環境」については、面接における揺さぶりについて述べるなかで論考されている。[*11] つまり揺さぶりは必ず抱えのあるなかでの揺さぶりであり、共感的に話を聞くこと自体が揺さぶりとなっていく可能性が示唆されている。

セラピストによる「抱え環境」としては、まず親がそのように操作的になるのはもっともなことであるという共感的な理解に基づき、親の語る子どもへの願いや親の思い描く子どものイメージに寄り添い、耳を傾けていくことである。つまり、親の〈操作的期待〉の正当性をまずは保障し、聴いていくことである。

さらに、その親の〈操作的期待〉も「子どもへの思い」に支えられて出てきたものであり、ただそれが親自身のさまざまな挫接や傷つきにより「命のねじまげ」が起こったことにより、そのようなかたちでしか子どもに表現し伝えられないのだという、その親にとっての必然性を理解し、聞いていくことである。このような姿勢を持って聞いていくことで、親のもつ操作性にけちをつけたり、否定的に感じたりすることを抑えることができ、《親の期待》のあり方に、素直に耳を傾けられるようになる。このような姿勢が、セラピストの《親の期待》に対する深い理解と共感につながり、親の〈行き詰まり〉の状況において、息詰まるような苦しい体験を、セラピストとともに耐えていくということにつながるのである。

さらに、もうひとつの抱え環境としては、現実的な周りからの支援がある。事例Ａにおいては、家族でマラソンに行ったり、父親がＡと将棋を指したりするといった、家族や夫による関わりがあり、また事例Ｂでは、父親がＢを外に連れ出して、山登りに連れて行ったりして、関わりをもつようになる。

このように、母親と子どもの関係において、期待のあり方が少しずつ明らかになり、〈行き詰まり〉状態となり、さらに息詰まるような苦しい状況において、身近な第三者である父親や兄弟の働きかけがあることが、大きな支えとなり、母親の行き詰まりを支える抱え環境としては大きな意味をもつと考えられる。

このように、《親の期待》の〈行き詰まり〉は、親にしてみると重大な危機であり、これまでの自分の人生や関係性を揺さぶられる大きな体験であり、それを支える抱え環境としての、セラピストの役割は非常に重要になるのである。

終　章　期待とあきらめの教育臨床——面接のプロセス・モデル

〈第一節〉　子どもの心の成長への影響

第一章で見たように、これまでの研究において、子どもの発達、成長にとっては、親の期待は大きな意味をもち、「環境としての親の期待」と言われる。[*1] 期待の影響は、〈ピグマリオン効果〉として学校教育における教師の期待効果として示されており、また発達においても、子どもの成長に伴い親はさまざまなことを達成していくことを期待し（達成期待）、子どもたちもそれに応えていく。この過程において、親の期待が子どもに認知・推測され、それが次第に内在化され、子ども自身の目標として取り入れられていく。[*2]

このように《親の期待》は、子どもの心の成長にとって、非常に重要な意義をもち、またそれは、ひとつの社会の価値基準やルールを内在化していく社会化のプロセスであり、子どもたちのさまざまな判断の基になったりする。このように、《親の期待》は、子どもの成長・発達において多くの影響を与えていることが明らかになった。

親の期待の両義性

しかし、子どもの成長に伴い、特に小学高学年から中学生という、いわゆる思春期の時期にかけて、大きな変化を迎える。

　多くの研究で示されているように、それまでの社会性や対人関係に関する社会志向的な期待から、個人志向的期待である「勉強」や「進学」に関する期待（個人達成期待[*3、4]、教育圧力[*5]）へと変化していく。変化していくというより、個人志向的期待（学業や進学）が前面に出てきて、社会志向的な期待は背後へと追いやられる、と捉えるほうが正確かもしれない。それは、中学生をもつ親が将来の期待としては「社会性を重視した他者に配慮できる優しい人間になってほしい」と強く期待しているが、現在の親の期待としては「勉強や進路のこと」への期待がかなり高くなっている、という矛盾にも示されている。このことは現実に、中学生を抱えた親が、子どもの勉学や進路のことにそれだけ縛られ、そのように期待し働きかけていかざるを得ないという学歴社会の影響もあると考えられる。

　さらに、この思春期という時期は、子どもにとっては、少しずつ自分というものが芽ばえる時期であり、それまで絶対であった《親の期待》を少しずつ相対化して見られるようになる年代である。また自立という点からも、必ずしも親の言う通りには動かないという反抗的な時期でもあり、《親の期待》に対して、異を唱えたり、無視したりするということが起こりうるのである。そして、そのような《親の期待》と子どもの思いとの間のずれが明らかになり、そのずれをいかにして折り合いを付けていくか[*6]が、思春期の親子関係においては重要になってくるのである。

　多くの親は、そのようなずれを感じつつも、それに折り合いをつけていくのであるが、《親の期待》があまりにも大きすぎたり、強すぎたりする場合には、親子のあいだでのすり合わせが起こりにくくなり、《親の期待》がネガティブなものとして作用する可能性が高くなる。

　つまり、本論の事例でみたように、親自身の強いこだわりがあったり、子どもの障害があったり、あるいは祖父母の代からの期待が込められていたりして、親の側からの枠組みだけで子どもを見ようとすると、子どもはその期待に圧倒され、押しつぶされそうになる。また、そのような親子関係においては、子どもは上手に自分の思いを言葉にすることができず、反抗や反発を表現し《親の期待》に抵抗する、ということが考えられなくなる。そういった場合には、《親の期待》は、絶対的なものとなり、子どもにとっては、非常に窮屈な、ストレスフルなものと感じられてしまう。

このように、《親の期待》は、子どもの成長・発達を促進し、社会化を促すような重要な意義をもつとともに、その期待のあり方や、また子どもの思春期という発達段階においては、ネガティブに作用することがある。したがって、《親の期待》は、親子の関係性や、子どもの発達に伴って、ポジティブにも、ネガティブにも感じられる両方の側面を含んだ、両義的なものであると考えられる。

親子の期待のずれ

《親の期待》の子どもへの影響については、前節で述べたように、ポジティブにもネガティブにも作用しうるところがある。特にここでは、そのネガティブな側面に注目し、子どもの適応上にどのような影響があるかについてまとめる。

《親の期待》があまりにも大きく、また強固でありすぎると、子どもとしては、《親の期待》が絶対的なものとして感じられるようになる。そうなると、子どもは、よく分らないが、ただなんとなく嫌だな、しんどいなと感じつつも、《親の期待》に沿うしかないと思っている子どもたちもいるのである。あるいは、親自身が、《親の期待》と子どもの思いのずれを見ようとせず、《親の期待》を絶対的なものとして子どもに押し付けていこうとする場合がある。このような状態が続いていくことが、思春期の親子関係においては、悲劇的な結果につながるのである。

それは、親から愛情や承認を得ようと必死に自分を抑えて、《親の期待》に合わせてきた〝よい子〟の突然の爆発であったり、《親の期待》に沿うために自分の意思を押し殺して生きざるを得なくなることであったりする。そして、その結果、主体性を失って、無気力となってしまった子どもの不登校となって現れたりする場合もある。

このように、《親の期待》があまりにも親の側の枠組みからみた一方的な理解であり、また子どもの思いとのずれを見ようとしないとき、それは、子どもの生活の適応上、さまざまな問題を引き起こす可能性がある。従来、不登校については、親の過保護や過干渉という言葉で、親の過剰な関わりや期待については言われてきたが、過剰なというのはややネガティブな言葉であり、親として見ると、これまでの対応を非難されたようにも感じる。

そこで、親子関係における様々な葛藤を理解し、その基本にあるずれを理解していくためには、「期待のあり方」を明らかにすることで、多くの複雑な問題を抱えた思春期の親子関係を理解することができる。また、《親の期待》のあり方を変容させることで、親子関係そのものを変化させることが可能であり、さらには、子どもの変化へとつながることが、本研究における事例においても示されている。

つまり、《親の期待》が、子どもの適応上の問題にさまざまな影響を与えているということからすると、逆に、《親の期待》のあり方に注目することで、子どもの適応を促進することも可能になると考えられる。

〈第二節〉 期待のあり方とあきらめ

期待における操作性

《親の期待》のあり方について明らかにしていく際に、筆者はその操作性に注目することの意義を、事例研究を通して見出した。そこで、筆者がなぜ、《親の期待》のなかで、操作性に注目するようになったのかを、第七章三節でもとりあげたが、いま一度整理し、その意味について、検討する。

(1) 親子のズレの理解

操作性のもつ意味の第一は、操作性には、子どもを自分の思い描いた像に近づけようとする側面が強く、その分、子どもの思い描く希望像や考え方とずれる可能性が高いということである。過剰期待という視点から「親は我が子のためにと大儀を掲げながら子どもへの過剰な期待を生み出していく。親の願いや期待は、必ずしも子どもの身の丈に合った内容であるとは言えず、親の独りよがりな欲求として子どもの心に入り込むことになるのである」と述べ、《親の期待》と子どもの思いとのずれの問題を指摘しているものもある。*7

このように、親が、子どもを自分の思いどおりに動かして、このようにしてやりたいという思い(操作性)

が強くなればなるほど、それは親の枠組みからみた理解であり、独りよがりな欲求となり、子どもの思いとはずれていくと考えられる。つまり、親子の希望や思いのずれ、すなわちこれは親子の「葛藤」につながると考えられるが、その「葛藤」を生み出すひとつの要因として、《親の期待》に含まれる操作性がある。

（2）発達的課題

第二の視点として、この操作性というのは、発達的にみたときに、小さい頃、親が子どもの世話をして手を貸してやる必要があり、小さい頃は親の操作がしやすく、こうしたらと親が勧めると、子どもも素直にそれに従ってきたという歴史がある。また、それは子どもにとっても依存や甘えとして必要だったのである。ところが、思春期という自分の主体性や自立がテーマとなる時期においては、その操作性が子どもの主体的な意欲や自立を阻むものとして、子どもたちの前に立ち現れることになる。つまり、小さい頃は必要であった親の操作的な関わりが、子どもの成長につれて少しずつ必要性が少なくなり、それに合わせて親が上手に手助けを少なくしていくことが必要である。それが適度におこなわれないと、子どもとしては干渉や侵入として感じられてしまう。

また、他方で小学高学年から中学生という時期は、勉学・進路が重要なテーマになる時期であり、親としては勉学・進路に対して特別な思い（親のコンプレックスや上昇志向など）を持って、関わることになり、そこに親の操作性が入り込む可能性が高くなる。そこで、子どもの意向をくみながら、上手に親の期待・希望も伝えながら、すり合わせをすることが必要である。したがって、発達的にみたときに、親の操作性は、親が子どもをどれだけ信頼して、子どもの成長に沿いながら、どこまで子どもに任せられるか、という自立の問題ともつながってくる重要な意味をもってくる。

（3） 期待の無意識性

第三の視点として、〈操作的期待〉というのは、すでに述べたように、子どもの成長を願う親の思いとして小さい頃から継続してきているので、親にとっては無自覚・無意識的であることが多い。無自覚とは、いままでは自覚していなかったが、よく考えてみれば「そのようなこともあるな」と自覚できる部分であり、無意識は、さらに深い水準であり、自分では意識できない部分である。つまり、子どもに「このような人間になってほしい」「こういうことができるようになってほしい」という《親の期待》は当然であり、それをわざわざ自覚して、意識して言葉にすることは少ないと考えられる。その結果、子どもにとっても無自覚的に当然のこととして受け取られ、さらには無意識に子どものなかに侵入してくるので、その分、プレッシャーは大きく、それに抗ったり、異を唱えたりすることはできなくなっていくのである。

また、〈操作的期待〉は無自覚的であるとともに、無意識的であるともいえ、その背後には親自身も分らない非常に多くのさまざまな親の体験や思いが含まれている可能性がある。ところが、最近は親が自分の期待を子どもに語ることが少ないという研究もあり、[*8] 親の思いは、暗黙の了解として子どもたちに無意識的に伝わっていくが、それは決して話題にならないので、子どもとしてもその期待をどのように受け止め、またどのように拒否したらよいかも分からなくなってしまう。

したがって、親がつい子どもに過剰に干渉したり、過剰に期待してしまい、親自身も自覚できないような、また意識化することもできないような期待のあり方を、理解していく入口として、この親の操作性あるいは〈操作的期待〉は大きな意味を持ってくるのである。

（4） 期待に含まれる価値基準と評価

第四の視点として、親は自分の子どもに対して、本来は無条件に子どもの存在を認めており、子どもは家庭において、特別な期待を向けられたり、評価されたりすることはないはずである。ところが、「家庭での家族的承認と学校での社会的承認のバランスが崩れつつある」と指摘されるような現状[*9]において、そのバランスが崩れてしまい、親は子どもに対して社会の価値基準を当てはめ、他との比較をおこない、その価値判断のなかで、子どもにさまざまなことを期待していくのである。つまり、《親の期待》の操作性のなかには、子どもを「他者と比較して少しでも上位にいてほしい」という思いや、価値判断をおこなうなかで「より価値の高いものを目指す」という評価が含まれているのである。

本来、親に無条件に認められ、受け入れられるはずの家庭（家庭的承認）において、評価を含んだ〈操作的期待〉が向けられることで、子どもは、何を期待されているのかを敏感に察知し、その期待に応えようと必死になるのである。つまり、親の〈操作的期待〉には、現在の社会の影響を受けて、親の評価や価値観が含まれている可能性がある。

以上の四つの理由により、親の子どもへの理解や親と子の関係などを理解していくうえで、親のもつ〈操作的期待〉は重要な意味をもっている。

あきらめの意義

本論において、事例研究を通して《親の期待》の〝あきらめ〟のプロセスが明らかになった。

本論では、〝あきらめ〟に関するポジティブ／ネガティブふたつの視点[*10]からみると、ポジティブな視点である「物事の事情・理由を明らかにすることで、望んでいたことの実現は不可能であることを認め、それ以上固執することを断念し、その結果現状を受け入れることが可能になり、心が明るく、晴れやかになること」という意味で〝あきらめ〟を捉えてきた。

それは、それぞれの事例において示されたように、親や子どもにとって非常に苦しい行き詰まりの時期を、セラピストや家族により、抱えてもらうことで可能となるプロセスであった。また、〝あきらめ〟の状態においては、《親の期待》と子どもの思いとを、擦り合わせて、適度に折り合いをつけていくプロセスであるともいえる。

第二章で検討したように、本来、字義的に〝あきらめ〟には、「明らめ」と「諦め」の二つの意味があった。「明らめ」にはさらに、①物事の事情・理由をはっきりさせるという意味があり、さらに、②心を明るくする、気持ちを晴れやかにする、という意味があった。本論においては、まさに〈行き詰まり〉から〝あきらめ〟に至るプロセスにおいて、《親の期待》の背景にある事情やその理由（あり方）をはっきりさせることにより、親自身の心もいくらか明るくなり、晴れやかになったところがある。事例Aでは、入学試験の日に車で送ることも『それはもう交通機関ということで、連れて行ってもらった』というように、親の〈操作的期待〉である将来への不安や、人の上に立ってほしいという親の個人的な思いが明らかになることで、心配で苦しくなるということはなくなり、非常にあっさりとした、さわやかな感じで語られた。

また〝あきらめ〟には、③「諦める」ということで断念する、断ち切るという意味もあるが、〝あきらめ〟のプロセスにおいて、まさに親のさまざまな操作性への固執は断念され、思い切ることになっていった。さらに〝あきらめ〟には、④「空き」という言葉で、スペースが生まれることや、⑤「飽き」で、飽きるほど繰返されること、そして、⑥「秋」という言葉で、実りの秋、収穫、期が熟する、という意味も考えられる。

これらは、本論において示された〝あきらめ〟のプロセスにおいても重なるところが多い。つまり、親の個人的な思いから生じた操作性が、共感的な理解のなかで明らかになり、さらにそれが〈行き詰まり〉の過程において、思い切られ、断ち切られることになる。そして、その結果、親の心のなかにスペース・余裕が生まれたのではないかと考えられる。また、その個人的思いが断ち切られるまでには、面接場面において飽きるほどその期待が語られ、それを繰り返しセラピストは聞いていくことになった。そして、親にとっては、息も詰まりそうな、苦しくてしんどい〈行き詰まり〉の時期をしっかりと抱えてもらうことにより、期が熟していき、やがて〝あきらめ〟の時がやってくるのではと思われる。

このように、本論における〝あきらめ〟は、その字義に含まれる①から⑥のすべての意味を含んだプロセスであると考えられる。つまり、さまざまな親の個人的思いを含んだ期待を「明らめる」ことで、親の心のなかに少し空間・ゆとりができることであり、また「飽き」るほど繰り返し表現された期待を、十分に期が熟するまで語ることで、親の思いどおりに動かそうとする操作性を「諦める」プロセスであると考えられる。それは、心のなかの空間的な広がりと心の時間的な流れを含んだ、非常に奥深い親自身の成長のプロセスであるとも言える。

〈第三節〉 面接のプロセス・モデル

親の期待の変容プロセス

これまで述べてきたことを、面接のプロセス・モデルとしてまとめる、図2・図3・図6・図7で示したものを総合すると、図8のようになる。

まず、親の意識からみた期待のあり方の変容としては、**操作的期待↓行き詰まり↓あきらめ↓ありのままを認める**　というプロセスが考えられる。その下は、期待の純化の視点からみた期待のあり方として、**期待↓期待の純化↓子どもへの思い**　というプロセスである。そして、上に書かれた三つの図は、親の心の状態の変化を面接初期・面接中期・面接後期で示したものである。親の心の状態については、破線より上の部分は意識の層であり、比較的自覚できやすい部分であり、その下の部分は、無意識の層で、親自身もあまり自覚できないような部分である。そして心の深い層である無意識においては、親の個人的な願望や評価を含んだ「操作性」と、親の大人として、無条件に子どもの成長を願う一般的な〝子どもへの思い〟の両方の側面が混然一体として存在していると考えられる。このように、親の心の無意識の層では、両方があると考えられるが、より意識に近い表面において、そのどちらが優位であり、重点が置かれているかということで、《親の期待》のあり方

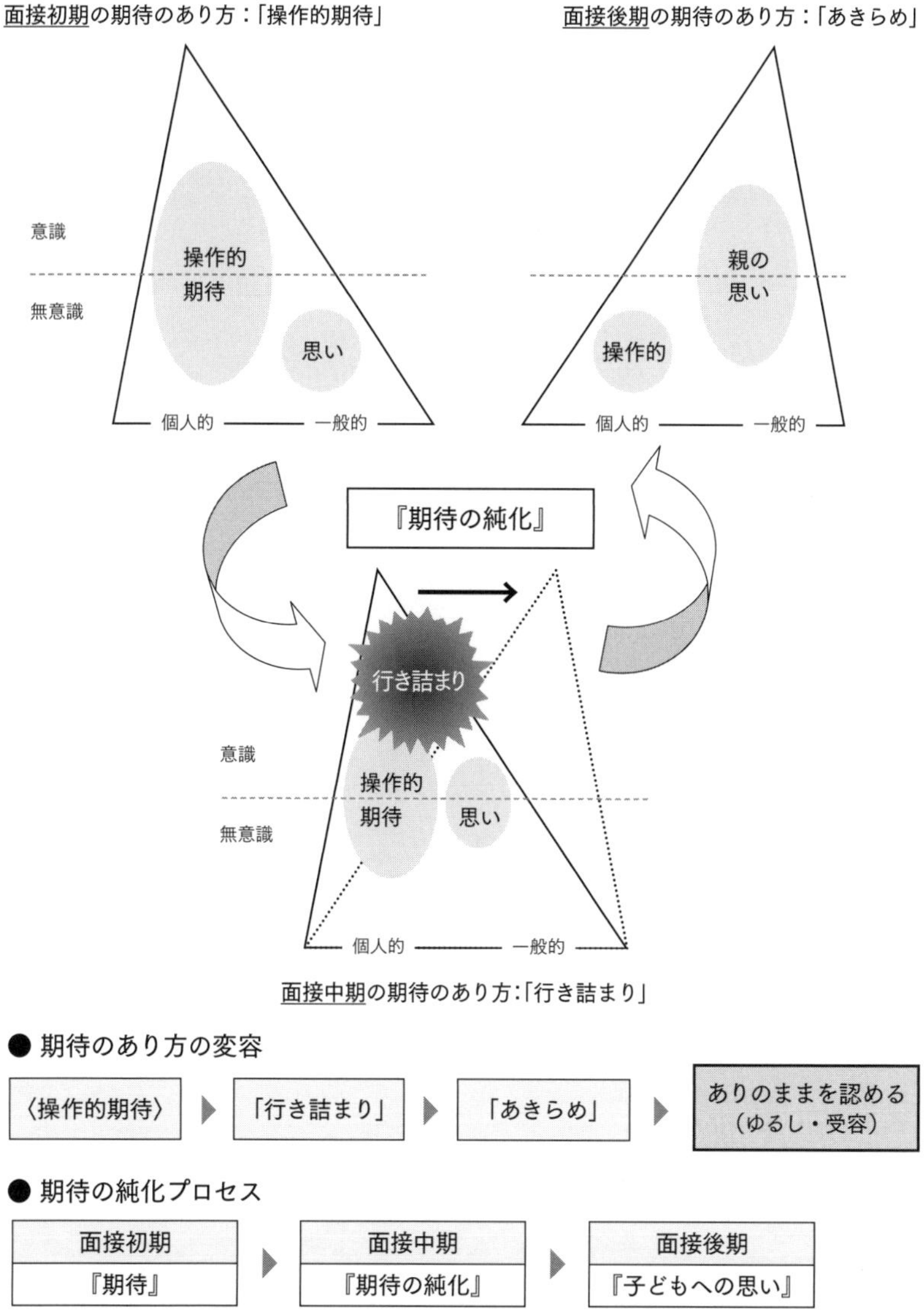

図8　「親の期待」に焦点をあてた面接のプロセス・モデル

は異なってくると考えられる。
この三つの側面から、面接過程についてまとめてみたい。

まず、面接初期においては、親の語る「期待」が主にとりあげられる。このときの親の心の状態としては、〈操作的期待〉が大きく膨らんでおり、意識の深いところから表面まで、この操作性によって占められており、〝子どもへの思い〟の部分は、あまり意識の表面には上がってこず、無意識のなかで弱くなっている。したがって、面接プロセスにおいては、《親の期待》のなかでも、特に〈操作的期待〉が中心に語られることになる。

〈期待の純化〉の視点からは、面接初期においては、親のさまざまな期待が、親の個人的な思いや、親としての一般的な思いとが混在しているが、面接において多く語られるのは、親の操作的な期待である。そこで、この〈操作的期待〉に耳を傾け、それは誰が期待しているのか、それは誰にとって必要な期待なのか、またその期待はどのような思いから生じてきたのかという起源などを、親の期待の正当性を保証しながら、そのように期待せざるを得ない思いに寄り添い、共感的に聞いていく。その過程において、親の操作性が少しずつ明らかになっていく。

面接中期には、親の〈操作的期待〉が語られつつも、その期待はなかなか子どもに応えてもらうことができず、子どもによってことごとく拒否・拒絶されたり、無視されたりすることになる。その結果、親の〈操作的期待〉は行き詰まり、親としては非常に辛い、苦しい状態となる。しかし、この〈行き詰まり〉の時期は、親の苦しみと葛藤の状態を、セラピストに抱えてもらうことで、親自身がみずからの期待のあり方に目を向けていくことになり、〈期待の純化〉が起こる重要な時期でもある。それは、すでに述べたように、親の〈操作的期待〉が「明らめ」られるプロセスであり、親の個人的な願望、親の果たせなかった夢や親の自己実現としての子どもの社会からの評価、などが明らかになっていく。

また、もう一方では、《親の期待》のあり方に対し、セラピストが共感的に理解を深め、〈操作的期待〉も含めて保証することで、もともと親のなかにあった大人として、親としての一般的（普遍的）な〞子どもへの思い〟が賦活され、膨らんでいくことで、親の心の状態としては、大きな揺れを体験することになる。〈行き詰まり〉の過程を通して、〈操作的期待〉の内容が少しずつ明らかになり、それを親自身が自覚しコントロールすることができることで、操作性は弱くなっていくと考えられる。他方で、親の、一人の大人としての一般的（普遍的）な〞子どもへの思い〟が賦活され、増大していく可能性がある。

そして、面接後期においては、この行き詰まりを通して、親の〈操作的期待〉は明らめられ、意識のなかで整理されることにより、少し心に空間ができ、ゆとりが生まれることになる。

その結果、それまであまり意識の表面に出てくることのなかった親の〞子どもへの思い〟がより強くなり、意識の表面へと上がってくる。その一方で、親の操作性、つまり親の思いどおりになってほしいと願っていた期待は、実現することが不可能であると分かり、その操作性が断念されることにより、少し弱まり小さくなることで、意識の表面には出てこなくなる。これが、面接後期における〞あきらめ〟の心の状態である。

〞子どもへの思い〟というのは、〈操作的期待〉が親の子どもに対する価値評価や他との比較などを含んでいたのに対し、そのような評価や比較を一切含まない、純粋にありのままの子どもの姿を見て、受け入れていこうとする親の思いである。つまり、この親の思いとは、子どもが思いどおりにならない（学校に行けない、他の子と同じようにできない）なかで、親の思い描いていたイメージと異なっていても、現実に即したありのままの子どもの姿を受け入れていこうとする「親心」とでも言えるような、親の親としての一般的な思いである。それはまた、子どもの願い・希望に親が耳を傾け、それを受け止め、親子双方の期待に折り合いをつけていくということでもある。

また、〝あきらめ〟という親の心の状態は、決して子どもを見放し、見捨てることではなく、現状を受け入れることが可能になることであり、子どもをありのまま認めていけるようになるということである。

ただし、本論でとりあげた不登校の家族の事例と、障害をもつ子どもの保護者の事例では、受け入れて認めていく内容は異なっている。つまり、不登校の事例では、不登校という行動で表現している子どもを認めるということであり、また障害を抱えた子どもの親の場合では、子どもの障害じたいを現実のものとして受け入れ、現状を認めることであり、それは「受容」であり、また「ゆるし」ということもできる。

したがって、本論文でとりあげた二つの事例においては、〝あきらめ〟ということについてまったく同じように論じることはできないが、最終的な「ありのままを認める」という点においては、いずれの事例においても共通するものである。

セラピストの関わり

次に、上で述べた《親の期待》のあり方の変容を、セラピストの関わりの視点から見てみると、図9のようになる〔↓はセラピストの関わり〕。

まず、面接初期においては、セラピストは親の語る期待に耳を傾け、〈操作的期待〉の正当性を保証しつつ、その具体的な内容を明らかにしていくことになる。

親の語る〈操作的期待〉のなかには、これまでの子育てにおける親のさまざまな思いが含まれており、子どもにハンディキャップがあるために、そのように期待し関わってこざるを得なかった部分、あるいは親のできなかった夢や願望、家系として受け継いでいるその家の文化・価値観、親の自己実現など、さまざまな思いが

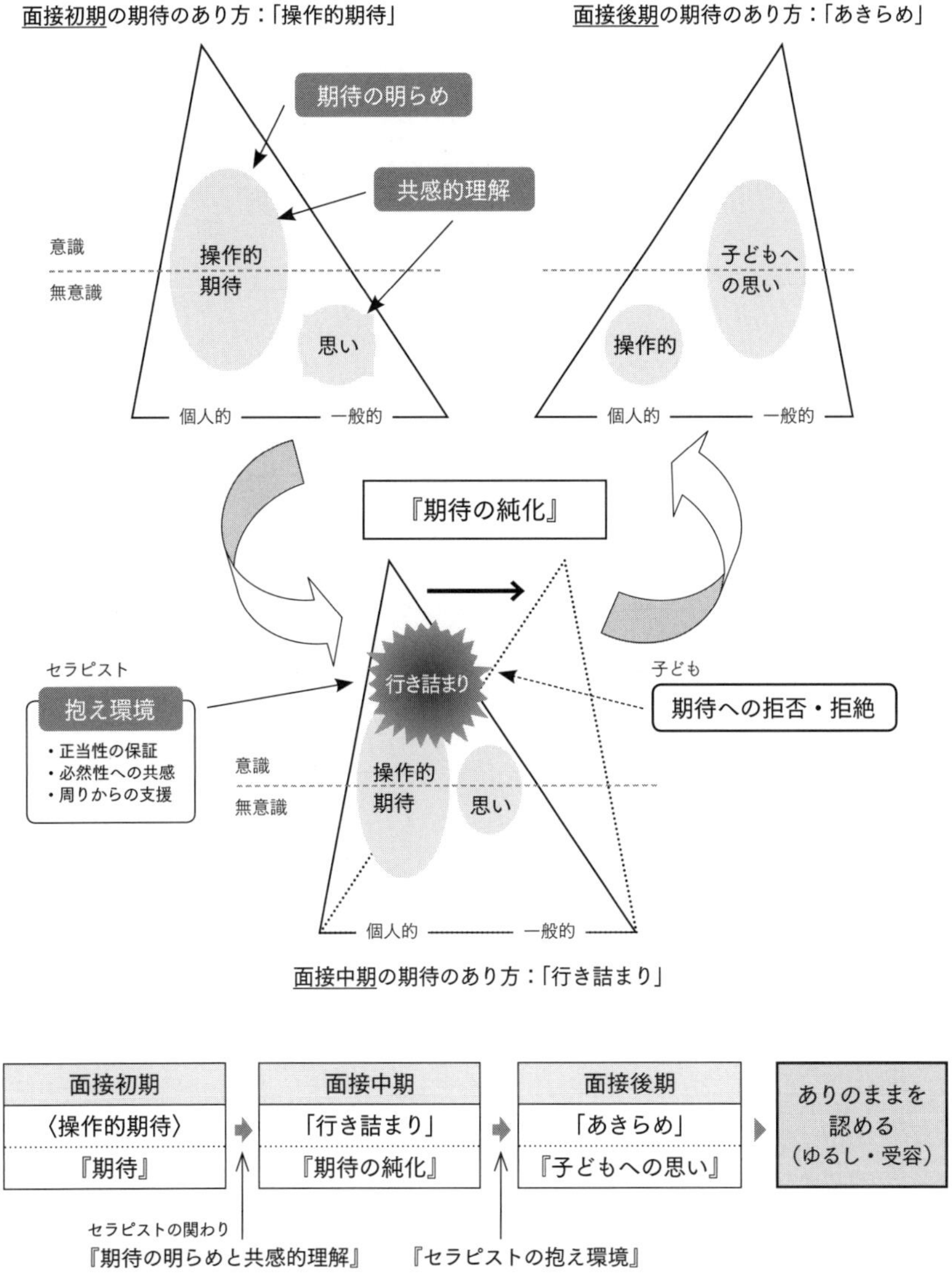
面接初期の期待のあり方：「操作的期待」
面接後期の期待のあり方：「あきらめ」
期待の明らめ
共感的理解
意識
無意識
操作的
期待
思い
子どもへ
の思い
操作的
個人的
一般的
『期待の純化』
セラピスト
抱え環境
・正当性の保証
・必然性への共感
・周りからの支援
行き詰まり
子ども
期待への拒否・拒絶
面接中期の期待のあり方：「行き詰まり」
面接初期
〈操作的期待〉
『期待』
面接中期
「行き詰まり」
『期待の純化』
面接後期
「あきらめ」
『子どもへの思い』
ありのままを
認める
（ゆるし・受容）
セラピストの関わり
『期待の明らめと共感的理解』
『セラピストの抱え環境』

図9　面接プロセスにおけるセラピストの関わり

含まれている。こういった中には、親の非常に個人的な思いが含まれており、その思いが強ければ強いほど、子どもの思いとはずれることが多くなる。

その一方で、《親の期待》のなかには、親として子どもの成長を願う期待（基本的課題に対する期待）[*11]も含まれており、いわゆる「条件付きの愛情」ではない、親としての無条件の純粋な愛情としての「子どもへの思い」も語られることがある。セラピストとしては、そこにも目を向けて、その親としての一般的な期待を評価していく。つまり、親の個人的な思いや一般的な願いの両方を含んだ期待すべてに対して、傾聴し、共感的に理解していくことが、セラピストとしてはまず重要になる。

そのうえでセラピストは、親の〈操作的期待〉に対し、その期待は誰の期待であり、誰にとって必要な期待であるのかを、少しずつ明らかにしていくことになる。具体的には、その期待の主語を確かめたり、それは誰にとって必要性があり、意味のある期待であるのかを、親に尋ねていくことになる。さらには、その期待は、いつ頃から、どのような経緯で生じてきたのかという起源を、明確にしていくことで、親の操作性が明らかになっていく。

《親の期待》は、すでに述べたように、無自覚的であり、また無意識であることも多く、それは親にとって、すぐには自覚できないこともある。そこで、セラピストとしては繰り返し語られる《親の期待》について、一つ一つ丁寧に、どのような思いが込められているかに注目しながら、共感的に聴いていくことが、ひとつの揺さぶりとなり、期待のあり方が少しずつ意識されるようになり、操作的期待が「明らめ」られることになる。

そして、この明らめによって、親は自分自身の〈操作的期待〉の起源となっている個人的な思いに直面することになり、また子どもが親の思いどおりにはまったく動かないことで、〈行き詰まり〉の状態へと移行する。ここにおいて、セラピストの役割として重要なのは「抱え環境」の育成である。

〈操作的期待〉が語られる中で、親はこれまであまり意識してこなかった個人的な思いが明らかになっていく。子どものことを心配している、と話しながら、実は自分の思い入れが強かったり、親自身の願望であったり、自分のやりたかった夢を語っていたりする。親は、自分のなかにあるさまざまな願望やこだわり、果たせなかった夢に直面することになり、混乱し、大きく動揺する。セラピストとしては、この揺れの時期をうまく支えて、親にこの〈行き詰まり〉の時期をしっかりと体験してもらうことが、次の〝あきらめ〟へとつながっていくと考えられる。

セラピストによる抱え環境の具体的な関わりとしては、図9に示したように、三つの側面が考えられる。まずひとつは、面接前期から継続している〈操作的期待〉の正当性への保証である。親自身のなかでも、自分の個人的な思いで子どもを追い込んでいるのではという不安があったり、これまでの子育てを反省し、「なにか悪かったのでは……」と自分を責めたりすることがある。それに対し、セラピストとしては、一貫して「親がそのように期待するのはもっとなことである」と親の〈操作的期待〉の正当性を保証することが、この行き詰まりの状況を支えることになる。

その一方で、その〈操作的期待〉は、いつ頃から、どのような経緯で、誰によって形成されてきたのかを、明らかにすることで、その操作性の起源というものが明らかになってくる。親にとって、子育ての長い時間のなかで、さまざまな体験や傷つきがあり、また父親との関係性（夫婦関係）や、母親や父親の原家族（子どもにとっての祖父母）との複雑な関係性がある。それらは、多くは無自覚的・無意識的であるが、セラピストとの面接において、その思いが語られることで、次第に明らかになる。

《親の期待》には、多くの思いが込められているが、そのほとんどは無自覚に、あるいは無意識に期待として表現されていることが多い。親のその期待の理由について尋ねると、「昔からそうであり」「当然のこととして」「なんとなくそう思って」というように、それほど明確な理由もなく、むしろ当然のこととして語られることが多いし、また期待していることすら自覚されていないことが多い。その一方で、親のほうから自然に《親の期待》が語られることも多い。

したがって、面接においては、その期待に少し意識を向けて、「どのような期待をしてきたのか？」、あるいは「しているのか？」を丁寧に聞いていくことから始まる。そう思って聞いていくと、事例Aにおいて示されたように、かなり多くの発言に、《親の期待》が含まれていることが分かってくる。また、親はあまり明確に自分の期待を子どもに語っていないことが多く、[*12] それが子どもへの暗黙の了解として伝わり、子どもたちを苦しめているということもあり、先ずは言葉にして、表現していくことが大切になる。

そしてそこには、《親の期待》を聞く対象が必要になる。《親の期待》は、さまざまな親の個人的思いも詰まった複雑で、デリケートな部分を含んでいるので、まずは護られた空間である面接において、セラピストは、その親の言葉に丁寧に耳を傾け、尊重して聞いていくことになる。多くの親は自分の子どもへの期待や願いをこれまで聞いてもらうことが少なかったと思われ、語ることにより、親自身も少し自覚し、整理されていくこともある。

本来、この《親の期待》については、家庭では夫婦間で話されることが多いのであるが、夫婦間のコミュニケーションがうまくとれていなかったり、母親の期待と父親の期待とが、微妙に異なっており、その差異をうまく調整できなかったりすると、お互いに期待について語ることができにくくなる。そして、ついには家族内で、子どもへの期待を語ることがほとんどなくなる、あるいはタブーとなってしまう。しかしその期待は、暗黙の了解として、深く潜行して無意識的に子どもに伝えられていくことになる。

さらに、《親の期待》のあり方として、その期待はどこから形成されてきたのかという起源の問題がある。

事例Ｃに見られるように、医者になってほしいというのは、この家にとっては、祖父の代からの思いであり、おそらく世代を超えて代々この家に受け継がれてきた期待であった。これは例えば、教師の家庭などにおいてもみられるもので、親や祖父母をはじめ、叔父、叔母などの親せきにも教職に就いている人が多いということは割と見受けられることである。これは、職業継承の研究でも示されるように、二代、三代にわたって受け継がれる職業の継承において、そこには親としての期待がどうしても入ってくるということも考えられる。

《親の期待》の起源は、親の意識を超えた周りの環境や、あるいはこれまでの親自身の挫折や失敗の経験、傷つきにより生まれてくるところもあり、親自身も自覚や意識のできないような多くの内容を含んでいることもある。このように、《親の期待》は、非常に自覚、意識化しにくいところがあり、また家庭生活においてもあまり口に出して語られてこなかったり、語りにくいという雰囲気のなかで、《親の期待》はますます無自覚的・無意識的になり、その影響力だけを増していくということになる。

そこでセラピストとしては、そのような期待を抱いてきたのは自然なことであり、やむを得ないところがあるということが、セラピスト－クライエント（母親）関係において共有されること、つまり親の期待の「必然性への共感」が、母親の重要な抱え環境の一つとなる。

親の〈操作的期待〉の必然性を共感的に理解することで、親自身は、これまであまり語ることのなかった子どもへの期待を安心して話せるようになり、また少し距離を置いてその期待のあり方を眺められるようになり、そのことが子どもを追い込んでいたのではないか、あるいは子どもの思いとずれていたのではないかという気づきにつながっていく。

さらに、この〈行き詰まり〉の時期の抱え環境としてもうひとつ重要なのは、現実の家族における支えである。事例においても示されたように、母親の〈行き詰まり〉の状態において、父親が子どもを外に連れ出したり、子どもと遊んでくれたりすることである。それによって、母親としては「親として、どうしてよいか分らない」というまったく動きようのなくなった〈行き詰まり〉の状態において、少しホッとする時間と空間ができ、また自分の期待のあり方を見つめて、修正していけるきっかけになる。

これは、セラピストによる関わりというよりは、面接過程において、〈行き詰まり〉の非常に息苦しいなかで、母親自身が苦悶し、葛藤している状況を、セラピスト自身が抱えていくことで、周りの家族もそのような状況を察知し、支援の手を差し伸べることが自然に起こってくるのではと考えられる。この「周りからの支援」というものも、親の〈行き詰まり〉を抱える重要な要素である。

このように、いくつかの「抱え環境」が整うなかで、親は自分のなかにあるこだわりや願望、自分の夢といった個人的思いへの固執を諦め、親としての〝子どもへの思い〟が活性化され、意識の表面に上がってきて、その〝子どもへの思い〟に支えられて、親は子どもへの期待を形成していくことになる。

つまり、セラピストによって、操作性を断念（諦め）させられるのではなく、操作性を「明らめる」ことによって、またセラピストによって支えられることによって、親の操作性は、親自身が自覚・意識化することで、コントロールすることが可能となり、親の期待のあり方として、操作性が縮小し、相対的に子どもへの思いの比重が大きくなるのである。その結果、親は、操作性にとらわれない親としての自然な関わりのなかで、期待（子どもへの思い）を伝えられるようになり、それは子どもにとっても伝わりやすく、また受け入れやすいものとなるのである。

〈第四節〉　保護者への支援

これまでのところで、親の期待のあり方、特にその操作性について取り上げてきたが、これは決して親の操作的な期待を非難否定しようというものではない。むしろ、期待のなかには操作的な、親の個人的思いが含まれているのは当然であり、そのような期待があるがゆえに親子関係が成り立っているといっても過言ではない。

親子関係の支援に向けて

ただ、親子関係には様々な葛藤や苦悩が生じる可能性が高く、そのような苦悩を抱えた保護者への支援の一つの視点として、期待のあり方に注目してみるのはどうだろうかという提案である。

そこで、これまで述べてきたことを最終的にまとめると以下のように整理できる。

（一）《親の期待》には、ネガティブな側面としての〈操作的期待〉とポジティブな側面としての〝子どもへの思い〟が混然一体となっており、両義的なものとして捉えられる。そして、その期待が、ネガティブな側面である〈操作的期待〉が強く作用するときは、子どもは、自分の主体性を失い、不登校や心身症などの適応上の問題を生じる可能性がある。

（二）《親の期待》に含まれる両義的な側面のうち、特に操作性について着目することで、《親の期待》のあり方を理解する入口となる。つまり、その操作性の背後にある親の個人的な思いや願望を「明らめ」ることにより、これまで意識化されることの少なかった親の〝子どもへの思い〟が賦活し、意識されるようになり、期待のあり方が変化する。

（三）心理面接において、《親の期待》のあり方として、**操作的期待―行き詰まり―あきらめ―ありのままを認める**というプロセスが見出される。また期待の純化という視点からは、「期待」「期待の純化」「子どもへの思い」というプロセスが示された。〈期待の純化〉を通して、《親の期待》に含まれる操作性が意識化されることになり、「子どもは親の思いどおりにはならないのだ」「望んでいたことの実現は不可能である」という〝あきらめ〟の心境に達する。このとき、親は初めて「現状を受け入れること」が可能になり、「ありのままの子どもの姿を受け入れること」が可能になる。

（四）セラピストの関わりとしては、まず《親の期待》に対し、傾聴し、共感的に聞いていくことで、親の〈操作的期待〉のあり方を明らめることになる。また、明らめや子どもの拒否・拒絶により、《親の期待》は行き詰まりの状態になる。その行き詰まりを抱えるセラピストの機能として、①《親の期待》の正当性を保証し、②その必然性を共感的に理解し、さらに、③周りからの支援を得ること、が親の操作性への固執を断念する（諦め）という変容を促すことになる。

親の期待という視点の限界と可能性

これまで述べてきた内容について、すべてのケースに適用できるわけではない。子どもの状態や親子関係はさまざまであり、それに応じて、今回示した内容には適宜修正や変更を加えていく必要があると考えている。

その意味で、以下に示すような課題があり、今後、検討していく必要がある。

(1) 異なる期待のあり方の可能性

本論で扱った事例は、いずれも親が子どもの不登校や障害の問題を抱え、相談に訪れたケースである。つまり、親の「なんとかしたい」という意欲の高いケースであり、親の期待としても、初めからある程度の強さをもっていたものである。したがって、本論で示した面接プロセスのモデルも、今回扱ったような「初めから親の期待が一定以上ある場合に適用できる」という限定つきのものである。また事例も、不登校の家族面接、障害児の母子合同面接、それに不登校の本人面接と、わずか三事例であり、この三事例から一般化できることはかなり限定的であり、もう少しちがった期待のあり方やその変容プロセスがあることも、十分考えられる。

(2) 親の期待が弱い場合の限界

本論で扱った親の期待は、まず親や家族が相談に訪れるケースばかりであり、親の操作的な期待が積極的に語られた事例であった。しかし、実際には親の期待が最初から弱いケースも考えられ、そのようなケースに対して親の期待という視点からみた場合に、どのように理解でき、どのような支援が可能であるかは、今回のプロセス・モデルでは十分に検討できなかった。したがって、親の期待（操作性・子どもへの思いがともに）が非常に弱い場合、今回提示した期待のあり方やその面接における変容として、どのようなモデルが考えられるかは、今後に残された課題である。これは、第七章の一節で親の期待の表出の違いとしてふれたところであるが、実際には「期待が弱い保護者」というのが、多く見受けられる可能性がある。ただし、その場合でも、無意識のなかには、操作的期待や子どもへの思いといった親の期待はあると考えられるので、期待のあり方という視点で関わりをもてる可能性もある。

（3） 親のセラピストや配偶者に対する期待

親の期待のあり方として、今回は子どもに対する期待をとりあげた。特に思春期における親子関係の理解に焦点を当てていたので、親から子どもへの期待ということで検討してきたが、心理療法のプロセスということを考えると、当然そこには、親からのセラピストに対する期待ということも考えられる。さらには、思春期の子どもをもつ家族関係やこれまでの体験を通して生まれてくる操作性の起源ということを考えると、夫婦関係における配偶者（夫または妻）への期待ということも考えられる。しかし本論では、セラピストへの期待や配偶者への期待は、十分に検討できておらず、今後の課題である。特に夫婦関係における配偶者への期待は、夫婦関係を形成してきたプロセスや、その維持に関係するテーマともつながってくる。親の期待について考える時、夫婦が結婚に至るプロセスにおいてお互いにどのような期待を抱いていたかということは、非常に興味深い内容であり、今後も検討を続けていきたい。

（4） あきらめて、ひきこもりになる場合の支援

不登校への支援において、親があきらめて子どもが引きこもりになってしまう場合も考えられる。この場合の親のあきらめというのが、本論で示した親の期待のあきらめとどのように関連するのかは、重要な問題である。つまり、不登校といってもさまざまなタイプがあり、そのタイプごとの親の期待のあり方や、あるいは子どもがひきこもりになっている場合の親の期待のあり方などについて、事例をもとに検討していく必要がある。しかし、このような事例においては、心理臨床の場に来ることが少なく、親の期待のあり方を理解し、その変容を促していく機会がなかなか持てないのが現状であり、今後、引きこもりを含めた不登校への支援において、本論で示したモデルがどこまで適用できるかは、さらに臨床実践を重ねて検討していく必要がある。

子育てで悩んでいる保護者へ

本論において検討してきた《親の期待》と〝あきらめ〟については、日常的な言葉であるがゆえに、母親への説明や支援においても有効に使えると考えられ、日頃の母親の子育てを支援する際にも有用な概念である。今後は、さらにケースを増やして、さまざまなタイプの不登校の事例をとりあげ、どのような事例においてどのような期待のあり方があり、それに対するどのような支援の方法があるか、についてもさらにデータを集めていく必要がある。また、本論では「親の期待」として説明してきたが、実際の教育臨床の場では、親に限らずに子どもの養育に関わっているすべての大人（両親や祖父母などの保護者）についても同じようなことが考えられる。

今回の面接のプロセス・モデルで示した、親の〈期待の純化〉は、保護者（親）の心のなかの個人的な側面と、一般的な側面をとりあげており、より深いレベルでの保護者の抱える「こだわり」や「葛藤」の理解・支援へとつながる可能性があり、さまざまな課題や問題を抱えた保護者面接のあり方としても活用できるのではないかと考えている。さらに、障害を抱える子どもの保護者にとっても、過剰で指示的・命令的な関わりから、より受容的で支持的な関わりへと、親自身の態度を変容させるための、ひとつの指標になる。

このように考えると、不登校や障害のある子どもを抱えた保護者が、その子どもにどのような期待を抱いており、その操作的な側面や過剰で指示的・命令的な関わりを明らかにすることは、親にとっても大きな変化であり、成長である。そしてこの親自身の成長、変容は、子どもにとっても大きな意味をもち、親自身が成長することが子どものさらなる成長へとつながり、親と子がともに成長し変化するプロセスである。

子育てで悩んでいる保護者にとって、子どもと上手に関わることは難しいことであり、苦しいことであるが、それは保護者だけでなく、子ども自身も悩み、苦しみ、その思いを何とか保護者に一生懸命に伝えようとしているのである。

だからこそ保護者は、《親の期待》のあり方という視点から、子どもとの関係やこれまでの関わりを見つめ直し、〝あきらめ〟のプロセスが進んでいくことで、子育ての苦悩は、喜びや幸せへとかわっていく可能性がある。それは、子育てを体験したことのある親だけが分かる、親と子の成長のプロセスなのである。

親は初めから親なのではなく、子どもとの相互関係を通して親になっていくのであり、それを教えてくれるのは、自分自身の子どもである。親子の関係には親自身の姿が映し出されており、《親の期待》のあり方が子どもにさまざまな影響を与え、子どもは間違いなくそれに反応してくるのである。

このように、子育ての苦悩とは、親と子のあいだにあっては、起こるべくして起こってくることであり、その苦悩・葛藤を子どもとともに体験し、目を向けていくことで、相互の成長が促されるのである。もっともそこには、親を支え、話しを聞いてくれる家族がいたり、学校の先生がいたり、心の専門家であるカウンセラーが必要になるのである。子育てに悩んでいる保護者は、その苦悩は当然のことであると思い、恐れずに、まずは誰かに話を聞いていもらい、自分が何を子どもに期待し、何を望んでいるのかを、ゆっくり感じてみるところから始めてみてもいいかもしれない。そして、それは親や子どものこれからの生活にとって、とても豊かな成長の可能性を秘めているかもしれないのである。

文　献

第一章

(1) 野島一彦「ピグマリオン効果」『カウンセリング辞典』ミネルヴァ書房　一九九九年
(2) Rosenthal, R., & Jacobson, L.（1968）. *Pygmalion in the classroom: Teacher expectation and pupils' intellectual development.* New York: Holt, Rinehart & Winston.
(3) 鹿嶋真弓・田上不二夫「中学生の充実感と教師からの被期待感の関係」『カウンセリング研究』四一 - 三（二〇四～二一二頁）二〇〇八年
(4) 同
(5) 同
(6) 子安増生・郷式徹「大学生における両親の期待度とその実現度の認知の比較」『京都大学大学院教育学研究科紀要』五三（一～一二頁）二〇〇七年
(7) 中井孝章「子どもの自己承認欲求と親からの期待と承認の関連性――ポストヒューマニズムの立場から子ども研究」『生活科学研究誌』六（一一三～一三七頁）二〇〇七年
(8) 塩田芳久・村上英治・大橋正夫「親の期待と子どもの願望（第一報告）」『名古屋大學教育學部紀要』一（八七～一〇〇頁）一九五五年
(9) 塩田芳久・村上英治・大橋正夫「親の期待・願望と子供のパーソナリティ（第二報告）」『名古屋大學教育學部紀要』二（五六～六八頁）一九五六年
(10) 塩田芳久・丸井文男・村上英治・赤木愛和・大橋正夫「親子の期待・願望と子供のパーソナリティ（第三報告）」『名古屋大

學教育學部紀要』三（一四二～一五三頁）一九五七年
(11) 柏木恵子「環境としての親の期待」『発達』四一（九～一七頁）ミネルヴァ書房　一九九〇年
(12) 坂田晴奈「適切な期待がかけられる親」『児童心理（特集：人の目を気にし過ぎる子）』五九‐四（三六三～三六六頁）金子書房　二〇〇五年
(13) 田中宏二・小川一夫「親の期待と親への同一視が看護職の継承に及ぼす影響」『教育心理学研究』二九‐二（一六六～一七〇頁）一九八一年
(14) 田中宏二・小川一夫「教師職選択に及ぼす親の影響――子の認知した親の期待と職業モデル」『教育心理学研究』三〇‐三（二五七～二六二頁）一九八二年
(15) 田中宏二・小川一夫「職業選択に及ぼす親の職業的影響――小・中学校教師・大学教師・建築設計士について」『教育心理学研究』三三‐二（一七一～一七六頁）一九八五年
(16) 淵上規后子「親の期待に応えようとしすぎる子」『児童心理（特集：「よい子」が問題）』五三‐七（一六〇二～一六〇八頁）金子書房　一九九九年
(17) 山田美智子「子供の育ちと環境と自尊感情――小学六年生とその母親を対象とした調査から」『家族関係学』一九（三三～四四頁）二〇〇〇年
(18) 仲野好重・桜本和也「親子関係における期待と青年期のアイデンティティ形成の相互性について」『大手前大学社会文化学部論集』六（一一一～一二六頁）二〇〇五年
(19) 芳澤毅・島袋哲・中村完・島袋恒男「進学期待と職業期待に関する研究（一）――琉大附属小と他地域との比較」『琉球大学法文学部紀要（社会学篇）』二八（七七～一三一頁）一九八六年
(20) 同
(21) 塩田芳久・村上英治・大橋正夫　前掲　一九五五年
(22) 芳澤毅・島袋哲・中村完・島袋恒男　前掲　一九八六年
(23) 大渕憲一『親を殺す「ふつうの子ども」たち――「ありふれた家庭」の「ありふれた期待」がもたらす危険』ＰＨＰ研究所　二〇〇九年

(24) 芳澤 毅・島袋恒男・島袋 哲「進学期待と養育観に関する研究（承前）――琉大附属小と他地域との比較」『琉球大学法文学部紀要（社会学篇）』二九（九五～一一八頁）一九八七年
(25) 中山勘次郎「子供に対する母親の期待とその発達的傾向」『上越教育大学研究紀要』一一（一～一二頁）一九九二年
(26) 松本恒之・渡辺恵美子「親からの期待に関する縦断的研究」『東洋大学児童相談研究』一二（三五～五一頁）一九九三年
(27) 中井孝章 前掲 二〇〇七年
(28) 北澤梅英・請川滋大・若井邦夫「子育ち・子育ての発達生態学――その五 親の生活史的意味づけと青年期の子どもに期待する生き方」『日本教育心理学会発表論文集』四〇（一九六頁）一九九八年
(29) 中井孝章 前掲 二〇〇七年
(30) 小佐野 綾「親の期待と子どもの目標がずれるとき」『児童心理（特集：目標をもてる子に育てる家庭）』五八‐一（九七～一〇一頁）金子書房 二〇〇四年
(31) 沢田瑞也・小石寛文「子どもの年齢にともなう親の期待の変化に関する研究（その一）」『神戸大学教育学部研究集』六八（一三三～一四一頁）一九八二年ａ／沢田瑞也・小石寛文「子どもの年齢にともなう親の期待の変化に関する研究（その二）」『神戸大学教育学部研究集』九（一四五～一五二頁）一九八二年ｂ
(32) 柏木恵子 前掲 一九九〇年
(33) 大槻奈巳「親は子どもに本当はなにを期待しているのか――『男らしく女らしく』への期待から」『国立女性教育会館研究ジャーナル』一二（八三～九三頁）二〇〇八年
(34) 許 艶鳳・杉原一昭・石崎一記「日中における母親の母性意識の発達変容に関する研究（一）――幼児をもつ母親の育児感情と子どもへの学歴期待」『日本教育心理学会総会発表論文集』五〇（二一頁）二〇〇八年
(35) 周 念麗「幼児の知性発達への期待――町田市と上海市の母親の比較調査」『日本教育心理学会総会発表論文集』三八（一〇頁）一九九六年
(36) 樟本千里「母親の発達期待と子どもの向社会性の関連――日本と台湾における比較文化的視点から」『日本教育心理学会総会発表論文集』三八（一四二頁）一九九六年
(37) 石橋淳祐・堂野佐俊「母親の抱く期待が小学生に与える影響――家族機能と児童の自己効力感との関連から」『山口大学心

理臨床研究』六（三〜一一頁）二〇〇六年
(38) 松本恒之・渡辺恵美子　前掲　一九九三年
(39) 谷脇のぞみ・藤田尚文「親の期待と養育態度が子どもの自己調整能力の発達に及ぼす影響」『高知大学教育学部研究報告』六六（四九〜六〇頁）二〇〇六年
(40) 池山和子・河津花菜（2007）「子どもたちの期待する親の在り方——小学校四年生と六年生」『鹿児島大学教育学部研究紀要（人文・社会科学編）』五八（一四七〜一五四頁）二〇〇七年
(41) 大渕憲一　前掲　二〇〇九年
(42) 庄司知明・藤田尚文「子どもから見た親の期待について——親子関係診断尺度（ＥＩＣＡ）との関連から」『高知大学教育学部研究報告（第二部）』五九（五五〜六八頁）二〇〇〇年
(43) 中井孝章　前掲　二〇〇七年
(44) 富澤麻美「青年期における親の期待とその負担感に関する研究——大学生・専門学校生を対象に」『人間科学研究』一八：補遺号（三五頁）二〇〇五年
(45) 中山勘次郎　前掲　一九九二年
(46) 河村照美「親からの期待と青年の完全主義傾向との関連」『九州大学心理学研究』四（一〇一〜一一〇頁）二〇〇三年
(47) 原田正文「子どもに期待をかけ過ぎる親」『児童心理（特集：大人になれない親）』五二‐一六（一四七一〜一四七二年）金子書房　一九九八年
(48) 大渕憲一　前掲　二〇〇九年
(49) 渡部雪子・新井邦二郎「親の期待研究の動向と展望」『筑波大学心理学研究』三六（七五〜八三頁）二〇〇八年
(50) 中井孝章　前掲　二〇〇七年
(51) 遠山孝司「親子関係がよいと小・中学生は親の期待にこたえようと思うのか?」『名古屋大學教育學部紀要（心理学）』四六（二二七〜二三四頁）一九九九年
(52) 青木みのり「子どもに寄せる親の期待——大きすぎず、小さすぎずに」『児童心理』六四‐四（三一七〜三二二頁）金子書房　二〇一〇年

(53) 渡部雪子・新井邦二郎「中高生が捉えた親の期待に関する検討(一)――親の期待の受け止め方尺度作成の試みを中心として」『日本教育心理学会総会発表論文集』五一(三九一頁)二〇〇九年
(54) 富澤麻美　前掲　二〇〇五年
(55) 遠山孝司「小・中学生の親子関係、親からの期待、子どもの目標の関係――親子関係がよいと子どもは親の期待に応えようとするのか」『名古屋大学大学院教育発達科学研究科紀要(心理発達科学)』五三(三七〜五五頁)二〇〇六年
(56) 庄司知明・藤田尚文　前掲　二〇〇〇年
(57) 池田幸恭「大学生における親の期待に対する反応様式とアイデンティティの感覚との関係」『青年心理学研究』二一(一〜一六頁)二〇〇九年
(58) 河村照美「大学生における親からの期待に関する研究――面接・動的家族画をめぐって」『家族心理学研究』一六-二(九五〜一〇七頁)二〇〇二年
(59) 木澤光子「思春期の心性に関する研究(二)――親の期待との関係」『岐阜女子大学紀要』三四(五三〜五九頁)二〇〇五年
(60) 松田惺「親の期待と価値観はどう影響するか」『児童心理』四九-一五(九四〜一〇一頁)金子書房　一九九五年
(61) 柏木恵子　前掲　一九九〇年
(62) 河村照美　前掲　二〇〇三年
(63) 仲野好重・桜本和也「親子関係における期待と青年期のアイデンティティ形成の相互性について」『大手前大学社会文化学部論集』六(一一一〜一二六頁)二〇〇五年
(64) 池田幸恭　前掲　二〇〇九年
(65) 谷脇のぞみ・藤田尚文　前掲　二〇〇六年
(66) 伊藤忠弘「大学生の親子関係の認知と親からの期待・プレッシャー経験――他者志向的動機づけを規定する要因の予備的分析」『青山心理学研究』九(一一〜二二頁)二〇〇九年
(67) 赤星麗佳「親の期待が子どもの自己効力感と孤独感に及ぼす影響」『東亜臨床心理学研究』六(六一〜六二頁)二〇〇七年
(68) 勝田萌「青年の認知する親の期待・養育態度と過剰適応の関連」『日本教育心理学会総会発表論文集』五一(五二八頁)二〇〇九年

（69）菊池由莉・岡本祐子「大学生の『よい子』傾向と心理社会的発達段階の関連」『広島大学心理学研究』八（九九～一〇六頁）二〇〇九年
（70）衣笠隆幸「フロイト派＝対象関係論」『カウンセリングと精神療法』氏原・成田編　培風館　一九九九年
（71）伊藤忠弘　前掲　二〇〇九年
（72）小沢一仁「親の期待を土台にしたアイデンティティ形成の経路」『青年心理学研究』二三（五五～六〇頁）二〇一一年
（73）勝田萌　前掲　二〇〇九年
（74）大渕憲一　前掲　二〇〇九年
（75）仲野好重・桜本和也「親子関係における期待と青年期のアイデンティティ形成の相互性について」『大手前大学社会文化学部論集』六（一一一～一二六頁）二〇〇五年
（76）青木みのり　前掲　二〇一〇年
（77）松尾恒子「子どもへの過剰な期待がもたらすもの――しかり下手な親・教師のためのしかり方・ほめ方入門」『児童心理』五一‐九（一二二～一二七頁）一九九七年
（78）信国恵子「親の期待――子どもを生かす期待とは」『児童心理』四三‐一（六五～六九頁）金子書房　一九八九年
（79）菊池由莉・岡本祐子　前掲　二〇〇九年
（80）淵上規后子「親の期待に応えようとしすぎる子」『児童心理（特集：「よい子」が問題）』五三‐一七（一六〇二～一六〇八頁）金子書房　一九九九年
（81）信田さよ子「なぜ『よい子』が問題か――よい子を生み出すおとなたち」『児童心理』五三‐一七（一五八五～一五九四頁）金子書房　一九九九年
（82）同
（83）同
（84）笹野友寿・塚原貴子「大学生の精神保健に関する研究――機能不全家族とアダルト・チルドレン」『川崎医療福祉学会誌』八‐一（四七～五三頁）一九九八年
（85）品川不二郎「期待を拒む子ども」『児童心理』三〇‐一（一三二～一三八頁）金子書房　一九七六年

(86) 信田さよ子　前掲　一九九九年
(87) 宇治睦郎「『もう、あきらめました』の一言から――登校拒否児の母親の場合」『児童心理（特集：教育相談）』四五‐六（七五七～七五九頁）金子書房　一九九一年
(88) 坂田晴奈「適切な期待がかけられる親」『児童心理（特集：人の目を気にし過ぎる子）』五九‐四（三六三～三六六頁）金子書房　二〇〇五年
(89) 髙橋哲郎「児童・生徒の不適応行動としての不登校の実態・原因に対する心理臨床的援助」『精華女子短期大学研究紀要』三一（一七～二六頁）二〇〇五年
(90) 原田正文「子どもに期待をかけ過ぎる親」『児童心理（特集：大人になれない親）』五二‐一六（一四七一～一四七二頁）金子書房　一九九八年
(91) 菅原康夫「期待過剰の親――ある事例を通して」『児童心理』四三‐一二（一六〇〇～一六〇三頁）金子書房　一九八九年
(92) 原田正文　前掲　一九八九年
(93) 泉美智子「親の期待と子どものストレス――よい子を演じさせる母親になっていないか」『児童心理』五二‐一八（一五一～一五六頁）金子書房　一九九八年
(94) 原田正文　前掲　一九九八年
(95) 泉美智子　前掲　一九九八年
(96) 海野千細「親の過剰な期待に応えすぎた子ども」『児童心理（特集：子どもの願い）』四三‐一（一三八～一四二頁）金子書房　一九八九年
(97) 前盛ひとみ・岡本祐子「重症心身障害児の母親における障害受容過程と子どもの死に対する捉え方との関連――母子分離の視点から」『心理臨床学研究』二六‐二（一七一～一八三頁）二〇〇八年
(98) 中坪太久郎「統合失調症患者の家族が持つ期待の検討」『臨床心理学』一〇‐五（七一三～七二三頁）金剛出版　二〇一〇年a
(99) 中坪太久郎「統合失調症患者の家族の心理的プロセス――『期待』と『不安』を繰り返す構造に着目して」『家族心理学研究』二四‐一（一～一五頁）二〇一〇年b
(100) 中坪太久郎　前掲　二〇一〇年a

（101）青木みのり　前掲　二〇一〇年
（102）坂田晴奈　前掲　二〇〇五年
（103）松尾恒子　前掲　一九九七年
（104）渡部雪子・新井邦二郎「親の期待研究の動向と展望」『筑波大学心理学研究』三六（七五〜八三頁）二〇〇八年
（105）澤田瑞也・小石寛文　前掲　一九八二年ａ／澤田瑞也・小石寛文　前掲　一九八二年ｂ
（106）遠山孝司　前掲　一九九九年
（107）中井孝章　前掲　二〇〇七年
（108）大渕憲一　前掲　二〇〇九年
（109）斉藤学『アダルト・チルドレンと家族――心の中の子供を癒す』学陽書房　一九九六年
（110）淵上規后子　前掲　一九九九年
（111）中井孝章　前掲　二〇〇七年
（112）神田道子（1995）「親の期待と子育て」（特集：子どもの生きがいを育てる）『児童心理』四九-一（一〇二〜一〇六頁）金子書房
（113）淵上規后子　前掲　一九九九年
（114）渡部雪子・新井邦二郎　前掲　二〇〇八年

第二章

（１）田嶌誠一「青年期境界例との『つきあい方』」『心理臨床学研究』九（三二〜四四頁）一九九一年
（２）宇治睦郎「『もう、あきらめました』の一言から――登校拒否児の母親の場合」『児童心理（特集：教育相談）』四五-六（七五七〜七五九頁）一九九一年
（３）長山恵一「母親への罪意識と母子分離を巡る諸問題――『すむ-あきらめる』『すまない』を鍵概念として」『精神神経学雑誌』九六（八三〜一〇八頁）一九九四年

(4) 大橋明「あきらめに関する心理学的考察――その意味と概念について」『中部学院大学・中部学院大学短期大学部研究紀要』九（二三～三四頁）二〇〇八年
(5) E・キューブラー＝ロス『死ぬ瞬間――死にゆく人々との対話』川口正吉訳　読売新聞社　一九六九年
(6) 上田敏「障害の受容――その本質と諸段階について」『総合リハビリテーション』八（五一五～五二一頁）一九八〇年
(7) 北山修「環境決定論――達成困難としての〈本当の自分〉」牛島定信・北山修編『ウィニコットの遊びとその概念』岩崎学術出版社　一九九五年
(8) 松岡裕子「あきらめ」北山修監修・妙木浩之編『日常臨床語辞典』（一九～二二頁）誠信書房　二〇〇六年
(9) 山野保『未練の心理――男女の別れと日本的心情』創元社　一九八七年
(10) 内田利広「登校拒否治療における『親の期待』に関する一考察――操作的期待・行き詰まり・あきらめ」『心理臨床学研究』一〇-二（二八～三八頁）一九九二年
(11) 大橋明　前掲　二〇〇八年
(12) 上田琢哉（1996）「自己受容概念の再検討――自己評価の低い人の『上手なあきらめ』として」『心理学研究』六七-四（三二七～三三二頁）一九九六年
(13) 上田敏　前掲　一九八〇年
(14) 菅沼慎一郎「青年期における『諦める』ことの定義と構造の関する研究」『教育心理学研究』六一（二六五～二七六頁）二〇一三年
(15) 坂西裕子・藤原珠江「女子大学生の痩身願望と自己肯定感――上手なあきらめとの関連」『長崎純心大学心理教育相談センター紀要』六（六三～七二頁）二〇〇七年
(16) 鈴木啓子「精神分裂病患者の家族の抱く希望の内容とその変化の過程」『千葉看護学会会誌』六-二（九～一六頁）二〇〇〇年
(17) 鈴木啓子「精神分裂病患者の家族の希望を保持増進する要因に関する研究」『千葉看護学会会誌』七-二（二四～三一頁）二〇〇一年
(18) 関谷真澄「『障害との共存』の過程とその転換点――精神障害を抱える人のライフストーリーからみえてくるもの」『社会福祉学』四七-四（八四～九七頁）二〇〇七年

(19)藤村真理子「身体障害者の母親の『発達』——セルフ・エスティームを中心とした二事例を通して」『発達人間学論叢』五(五一〜六一頁)二〇〇二年
(20)前盛ひとみ・岡本祐子「重症心身障害児の母親における障害受容過程と子どもの死に対する捉え方との関連——母子分離の視点から」(研究報告)『心理臨床学研究』二六-二(一七一〜一八三頁)二〇〇八年
(21)鬮戸啓子・内海滉「がん患者の心理 手記を分析して」『川崎医療福祉学会誌』七-一(一〇三〜一一二頁)一九九七年
(22)池田紀子・奥野茂代・岩崎朗子「夫と死別した高齢女性の悲哀の仕事——サポートグループにおける参加者の語りから」『老年看護学』九-一(三六〜四三頁)二〇〇四年
(23)中山貴美子「阪神・淡路大震災被災高齢者の生活力量の形成過程——恒久住宅に住む一人暮らし高齢者三事例の被災後のプロセスから」『神戸大学医学部保健学科紀要』一七(一三七〜一五〇頁)二〇〇一年
(24)小此木啓吾「対象喪失と悲哀の仕事」『精神分析研究』三四(二九四〜三二二頁)一九九一年
(25)E・キューブラー=ロス 前掲書 一九六九年
(26)田嶌誠一 前掲 一九九一年
(27)宇治睦郎 前掲 一九九一年
(28)坂田晴奈 前掲 二〇〇五年
(29)佐藤晋爾・佐々木恵美・鈴木利人・朝田隆「精神療法における『諦める』ことの意義——心気症に引き続き嫉妬妄想を呈した一女性例の治療を通じて」『臨床精神医学』三一-八(九七一〜九七七頁)二〇〇二年
(30)鈴木啓子 前掲 二〇〇〇年
(31)田嶌誠一「臨床心理学キーワード(一一)節度ある押しつけがましさ/健全なあきらめ/体験様式、つきあい方、悩み方」『臨床心理学』二-六(八二二〜八二四頁)金剛出版 二〇〇二年
(32)上田琢哉 前掲 一九九六年
(33)坂西裕子・藤原珠江 前掲 二〇〇七年
(34)松岡裕子 前掲 二〇〇六年
(35)上田琢哉 前掲 一九九六年

(36) 田嶌誠一　前掲　一九九一年
(37) 北山 修　前掲（六二〜七五頁）一九九五年

第三章

(1) 伊藤忠弘「大学生の親子関係の認知と親からの期待・プレッシャー経験——他者志向的動機づけを規定する要因の予備的分析」『青山心理学研究』九（一一〜二三頁）二〇〇九年
(2) 大渕憲一『親を殺す「ふつうの子ども」たち——「ありふれた家庭」の「ありふれた期待」がもたらす危険』ＰＨＰ研究所　二〇〇九年
(3) 遠山孝司「親子関係がよいと小・中学生は親の期待にこたえようと思うのか？」『名古屋大學教育學部紀要（心理学）』四六（二二七〜二三四頁）一九九九年
(4) 渡部雪子・新井邦二郎「親の期待研究の動向と展望」『筑波大学心理学研究』三六（七五〜八三頁）二〇〇八年
(5) 神田道子「親の期待と子育て」『児童心理（特集：子どもの生きがいを育てる）』四九 - 一（一〇二〜一〇六頁）金子書房　一九九五年
(6) 内田利広「登校拒否治療における『親の期待』に関する一考察——操作的期待・行き詰まり・あきらめ」『心理臨床学研究』一〇 - 二（二八〜三八頁）一九九二年
(7) 渡部雪子・新井邦二郎　前掲　二〇〇八年
(8) 内田利広「登校拒否治療における『親の期待』に関する一考察——操作的期待・行き詰まり・あきらめ」『心理臨床学研究』一〇 - 二（二八〜三八頁）一九九二年
(9) 内田利広「ハンディキャップ後遺症家族に対する家族療法的アプローチ——てんかん児を持つ親の『期待』と『あきらめ』をめぐって」『家族心理学研究』七 - 二（九一〜一〇二頁）一九九三年
(10) 内田利広「『自分』と家族——親の期待に沿おうとする『迎合的自分』」北山修編集代表『「自分」と「自分がない」』（九一〜一〇五頁）星和書店　一九九七年

第四章

（1）河合洋『学校に背を向ける子ども』日本放送出版協会　一九八六年
（2）河合隼雄『母性社会日本の病理』中央公論社　一九七六年
（3）増井武士『不登校児からみた世界――共に歩む人々のために』有斐閣　二〇〇二年
（4）藤岡孝志『不登校臨床の心理学』誠信書房　二〇〇五年
（5）内田利広「登校拒否治療における『親の期待』に関する一考察――操作的期待・行き詰まり・あきらめ」『心理臨床学研究』一〇-二（二八～三八頁）一九九二年
（6）成田善弘「コミュニケーションからみた神経症（主として強迫神経症）患者の家族特性」『家族療法研究』四-二（六～一二一頁）一九八七年
（7）河合隼雄　前掲　一九七六年
（8）神田橋條治『精神療法面接のコツ』岩崎学術出版社　一九九〇年
（9）稲村博『不登校の研究』新曜社　一九九四年
（10）永井徹『不登校の心理――カウンセラーの立場から』サイエンス社　一九九六年
（11）品川不二郎「期待を拒む子ども」『児童心理』三〇-一（一三二～一三八頁）金子書房　一九七六年

第五章

（1）長谷川浩「病弱児と家族への心理的援助」『家族心理学年報』一（一二九～一五五頁）日本家族心理学研究会編　一九八三年
（2）藤村真理子「身体障害者の母親の『発達』――セルフ・エスティームを中心とした二事例を通して」『発達人間学論叢』五（五一～六一頁）二〇〇二年
（3）R・レヒテンバーグ『てんかんと家族』緒方明監訳　金剛出版　一九九〇年（原書は一九八四年）
（4）緒方明「てんかんの家族療法――心理教育と戦略的家族療法の併用」『家族療法研究』五-二（一一九～一二七頁）

一九八八年
（5）内田利広「登校拒否治療における『親の期待』に関する一考察――操作的期待・行き詰まり・あきらめ」『心理臨床学研究』一〇‐二（二八～三八頁）一九九二年
（6）長谷川浩　前掲　一九八三年
（7）E・R・スタウファー『無条件の愛とゆるし』国谷誠朗・平松園枝訳　誠信書房　一九九〇年（原書は一九八七年）
（8）阿部裕子・堀之内高久「未成熟（人格障害）レベル家族の家族療法――夫婦面接における『自分史』の活用と原家族評価の試み」『日本家族心理学会　第八回大会発表抄録集』一九九一年

第六章

（1）内田利広「学校カウンセリングと家族」『学校カウンセリングの理論と実践』ミネルヴァ書房　二〇〇一年
（2）神田橋條治「精神療法――神経症」『異常心理学講座 第九巻』（六九～一一八頁）みすず書房　一九八九年
（3）神田橋條治『精神療法面接のコツ』岩崎学術出版社　一九九〇年
（4）河村照美「大学生における親からの期待に関する研究――面接・動的家族画をめぐって」『家族心理学研究』一六‐二（九五～一〇七頁）二〇〇二年
（5）内田利広「『自分』と家族――親の期待に沿おうとする『迎合的自分』」北山修編集代表『「自分」と「自分がない」』（九一～一〇五頁）星和書店　一九九七年
（6）神田橋條治「内なる促し」『治療のこころ第一巻 対話するふたり』（三一～三五頁）一九九二年
（7）北山 修「環境決定論――達成困難としての〈本当の自分〉」牛島定信・北山修編『ウィニコットの遊びとその概念』岩崎学術出版社（六二～七五頁）一九九五年

第七章

(1) 佐藤紀子「無意識論Ⅰ」『心理臨床大事典』(改訂版) 培風館　二〇〇四年
(2) 信国恵子「親の期待――子どもを生かす期待とは」『児童心理』四三-一 (六五～六九頁) 金子書房　一九八九年
(3) 中井孝章「子どもの自己承認欲求と親からの期待と承認の関連性――ポストヒューマニズムの立場から子ども研究」『生活科学研究誌』六 (一一三～一三七頁) 二〇〇七年
(4) 中山勘次郎「子供に対する母親の期待とその発達的傾向」『上越教育大学研究紀要』一一 (一～一二頁)
(5) 木澤光子「思春期の心性に関する研究 (二) ――親の期待との関係」『岐阜女子大学紀要』三四 (五三～五九頁) 二〇〇五年
(6) 青木みのり「子どもに寄せる親の期待――大きすぎず、小さすぎずに」『児童心理』六四-四 (三一七～三二二頁) 金子書房　二〇一〇年
(7) 田中宏二・小川一夫「親の期待と親への同一視が看護職の継承に及ぼす影響」『教育心理学研究』二九-二 (一六六～一七〇頁) 一九八一年
(8) 田中宏二・小川一夫「教師職選択に及ぼす親の影響――子の認知した親の期待と職業モデル」『教育心理学研究』三〇-三 (二五七～二六二頁) 一九八二年
(9) 神田道子「親の期待と子育て」『児童心理 (特集：子どもの生きがいを育てる)』四九-一 (一〇二～一〇六頁) 金子書房　一九九五年
(10) 柏木恵子「環境としての親の期待」『発達』四一 (九～一七頁) ミネルヴァ書房　一九九〇年
(11) 淵上規后子「親の期待に応えようとしすぎる子」『児童心理 (特集：「よい子」が問題)』五三-一七 (一六〇二～一六〇八頁) 金子書房　一九九九年
(12) 中井孝章「子どもの自己承認欲求と親からの期待と承認の関連性――ポストヒューマニズムの立場から子ども研究」『生活科学研究誌』六 (一一三～一三七頁) 二〇〇七年
(13) 宇治睦郎「『もう、あきらめました』の一言から――登校拒否児の母親の場合」『児童心理 (特集：教育相談)』四五-六 (七五七～七五九頁) 金子書房　一九九一年

(14) 長山恵一「母親への罪意識と母子分離を巡る諸問題――『すむ‐あきらめる』『すまない』を鍵概念として」『精神経誌』九六(八三～一〇八頁)一九九四年
(15) 仲野好重・桜本和也「親子関係における期待と青年期のアイデンティティ形成の相互性について」『大手前大学社会文化学部論集』六(一一一～一二六頁)二〇〇五年
(16) 山田美智子「子供の育ちと環境と自尊感情――小学六年生とその母親を対象とした調査から」『家族関係学』一九(三三～四四頁)二〇〇〇年

第八章

(1) 信田さよ子「なぜ『よい子』が問題か――よい子を生み出すおとなたち」『児童心理』五三‐一七(一五八五～一五九四頁)金子書房　一九九九年
(2) D・W・ウィニコット(一九六〇年)『情緒発達の精神分析理論』牛島定信訳　岩崎学術出版社　一九七七年
(3) 中井孝章「子どもの自己承認欲求と親からの期待と承認の関連性――ポストヒューマニズムの立場から子ども研究」『生活科学研究誌』六(一一三～一三七頁)二〇〇七年
(4) 神田橋條治「精神療法――神経症」『異常心理学講座 第九巻』(六九～一一八頁)みすず書房　一九八九年
(5) 神田橋條治『精神療法面接のコツ』岩崎学術出版社　一九九〇年
(6) 吉良安之『主体感覚とその賦活化――体験過程療法からの出発と展開』九州大学出版会　二〇〇二年
(7) 神田橋條治「内なる促し」『治療のこころ 第一巻 対話するふたり』(三一～三五頁)一九九二年
(8) 北山 修「環境決定論――達成困難としての〈本当の自分〉」牛島定信・北山修編『ウィニコットの遊びとその概念』岩崎学術出版社(六二～七五頁)一九九五年

第九章

(1) 信国恵子「親の期待──子どもを生かす期待とは」『児童心理』四三‐一（六五〜六九頁）金子書房　一九八九頁
(2) 中井孝章「子どもの自己承認欲求と親からの期待と承認の関連性──ポストヒューマニズムの立場から子ども研究」『生活科学研究誌』六（一一三〜一三七頁）二〇〇七年
(3) 同
(4) 松尾恒子「子どもへの過剰な期待がもたらすもの──しかり下手な親・教師のためのしかり方・ほめ方入門」『児童心理』五一‐九（一二二〜一二七頁）一九九七年
(5) 坂田晴奈「適切な期待がかけられる親」（特集：人の目を気にし過ぎる子）『児童心理』五九‐四（三六三〜三六六頁）金子書房　二〇〇五年
(6) 中井孝章　前掲　二〇〇七年
(7) 小佐野綾「親の期待と子どもの目標がずれるとき」（特集：目標をもてる子に育てる家庭）『児童心理』五八‐一（九七〜一〇一頁）金子書房　二〇〇四年
(8) 信国恵子　前掲　一九八九年
(9) 原田正文「子どもに期待をかけ過ぎる親」（特集：大人になれない親）『児童心理』五二‐一六（一四七一〜一四七二頁）金子書房　一九九八年
(10) 仲野好重・桜本和也「親子関係における期待と青年期のアイデンティティ形成の相互性について」『大手前大学社会文化学部論集』六（一一一〜一二六頁）二〇〇五年
(11) 神田橋條治『精神療法面接のコツ』岩崎学術出版社　一九九〇年

終章

(1) 柏木恵子「環境としての親の期待」『発達』四一（九〜一七頁）ミネルヴァ書房　一九九〇年

文　献

（2）遠山孝司「小・中学生の親子関係、親からの期待、子どもの目標の関係――親子関係がよいと子どもは親の期待に応えようとするのか」『名古屋大学大学院教育発達科学研究科紀要』（心理発達科学）五三（三七〜五五頁）二〇〇六年

（3）澤田瑞也・小石寛文「子どもの年齢にともなう親の期待の変化に関する研究（その一）」『神戸大学教育学部研究集録』六八（一三三〜一四一頁）一九八二年a

（4）澤田瑞也・小石寛文「子どもの年齢にともなう親の期待の変化に関する研究（その二）『神戸大学教育学部研究集録』六九（一四五〜一五二頁）一九八二年b

（5）大渕憲一『親を殺す「ふつうの子ども」たち――「ありふれた家庭」の「ありふれた期待」がもたらす危険』ＰＨＰ研究所二〇〇九年

（6）大橋明「あきらめに関する心理学的考察――その意味と概念について」『中部学院大学・中部学院大学短期大学部研究紀要』九（二三〜三四頁）二〇〇八年

（7）淵上規后子「親の期待に応えようとしすぎる子」（特集：「よい子」が問題）『児童心理』五三‐一七（一六〇二〜一六〇八頁）金子書房　一九九九年

（8）松尾恒子「子どもへの過剰な期待がもたらすもの――しかり下手な親・教師のためのしかり方・ほめ方入門」『児童心理』五一‐九（一二二一〜一二二七頁）一九九七年

（9）中井孝章「子どもの自己承認欲求と親からの期待と承認の関連性――ポストヒューマニズムの立場から子ども研究」『生活科学研究誌』六（一一三〜一三七頁）二〇〇七年

（10）大橋明　前掲　二〇〇八年

（11）神田道子「親の期待と子育て」（特集：子どもの生きがいを育てる）『児童心理』四九‐一（一〇二〜一〇六頁）金子書房一九九五年

（12）松尾恒子　前掲　一九九七年

本書のおわりに

本書の企画は、序章でも述べたように、学位論文が基になっている。その学位論文も、元をたどれば、私が大学院の修士課程で取り組んだ修士論文が、その基礎となっている。今からもう二十六年ほど前の話である。

当時私は、九州大学の村山正治先生のゼミに所属していた。そこでは、毎週木曜日に、リサーチ研という形で、村山研究室に所属していた学部生、大学院生が一堂に会して、論文の検討会を行っていた。修士一回生の頃、私も修士論文の構想として、初めてこの〈親の期待とあきらめ〉についてリサーチ研で報告した。その時の不安と緊張は、今でもはっきり覚えている。多くの先輩方のなかで、自分の中に少しずつ湧き起っていた疑問を、事例を通した修士論文として取り上げてみたいと話すと、じっと耳を傾けておられた村山先生が、「いいんじゃないの、面白いね」と言ってくださったのが、いまだに脳裏に焼き付いている。先生のその一言がなければ、おそらくこの本は、生まれなかっただろうと思う。

その後も村山先生からは、大学院時代を通して指導を受け、学校臨床をはじめ、研究者としての姿勢や学生指導の方法など、多くの影響を受けた。それが今の私の研究室運営にもつながっている。村山先生には心より感謝いたします。そして、リサーチ研の皆さまからも、多くの刺激を受け、また支えていただき、それらがあったからこそ今日の私があると感じており、感謝しています。同じ時代を生きた先輩・後輩として、その後も学会活動や研修会、研究会などでつながりを持ち続けることができているのは、私にとって大きな支えであり、幸せでもある。

また、九州大学では、ゼミこそ違ったが、前田重治先生やその後に来られた北山修先生には、ケースカンファレンス等を通して、学派の壁を越えて、多くのことを教えていただいた。特に北山先生の提唱されている「日本語臨床」という発想は、とても魅力的で、私の感覚ともなじむものであり、本書のなかでも使わせていただいた。お二人の先生の影響は、私の臨床感覚のあちこちにちりばめられている。

もう一人、九州においてお世話になったのは、家族心理学、家族療法について教えていただいた、当時福岡教育大におられた亀口憲治先生である。本書で触れた、家族療法的な理解の多くは、先生の面接をライブで見させていただいた、福岡教育大学での体験がベースになっている。あらためて感謝いたします。

その後、私は京都の大学に移り、スクールカウンセラーや病院臨床をしながら、学生の指導に忙しくなっていた。そのような時、学位論文の作成を促して下さり、多大のご支援をいただいたのは、九州大学におられた野島一彦先生であった。野島先生は、大学院生の頃からリサーチ研の大先輩として、論文の助言や調査の協力などでお世話になっていたが、今回の学位論文では、また違った立場で支えていただいた。論文の構成、審査会でのプレゼンテーション、審査会後の修正など、私にとっては初めてのことばかりで、戸惑いと不安のなかで試行錯誤していた。そのような時に、野島先生からは的確なアドバイスを下さり、また、学位論文の書き方について、丁寧に教えて下さりました。心より御礼申しあげます。
また、この学位論文の作成に関して、研修の時間をいただいた京都教育大学の皆様、特にご迷惑をおかけしました学科の先生方には、心から感謝いたします。

この本の出版・編集にあたっては、創元社の津田敏之さんに、多大なご尽力をいただきました。学位論文をもとにした出版には、紆余曲折があり、私自身も諦めようとしたときにも、粘り強く励まして下さり、丁寧に目を通して下さり、本づくりに際しての大きな構成や細かな表現法などについて、貴重な助言をいただきました。津田さんなくしては、この本は完成しなかったと思います。有難うございます。

最後になりますが、この本のテーマについては、大学院を修了してから今日までの私の臨床と研究のかなりの時間を注いできました。この間の私の日常を支えてくれた妻にも感謝します。そして、この本を書き上げる数週間前に亡くなった父親に、感謝の意を込めて本書を捧げたいと思います。

平成二十六年 五月　　夏の日差しが差し込む自宅にて

内田利広

索　引

［た行］

［な行］

［は行］

［ま行］

[や行]

[ら行]

[わ行]

[著者紹介]

内田利広（うちだ・としひろ）

1964年	鹿児島県日置郡市来町（現いちき串木野市）に生まれる。 吹上浜から東シナ海を眺めて育つ。中学時代は野球部、左投右打。
1993年	九州大学大学院教育学研究科博士後期課程単位取得後退学。
1994年4月	九州大学教育学部助手（心理教育相談室主任）。
1994年10月	京都教育大学教育学科講師、その後、助教授、准教授。
2011年	博士（心理学）。
2013年〜	京都教育大学教育学科教授。

京都市公立中学校スクールカウンセラー、京都府臨床心理士会スクールカウンセラー担当理事などを経て、現在、八幡市教育支援センタースーパーバイザー、長岡病院非常勤心理士なども務める。

日本人間性心理学会、日本家族心理学会、日本フォーカシング協会などを中心に、諸領域を関連づけた研究・実践を模索している。恋愛問題研究会を不定期に開催。

専門領域は、教育臨床、家族面接、医療カウンセリング、フォーカシング。

趣味は庭仕事（ガーデニング）、ウォーキング、父親の子育て談議など。

著書に以下のようなものがある。
『学校カウンセリング入門』分担執筆〔ミネルヴァ書房, 1999年〕
『学校カウンセリングの理論と実践』共著〔ミネルヴァ書房, 2001年〕
『不登校・ひきこもりと居場所』分担執筆〔ミネルヴァ書房, 2006年〕
『生徒指導と教育相談』共著〔創元社, 2010年〕
『スクールカウンセラーの第一歩』共著〔創元社, 2011年〕
『人間性心理学ハンドブック』分担執筆〔創元社, 2012年〕

期待《きたい》とあきらめの心理《しんり》

親《おや》と子《こ》の関係《かんけい》をめぐる教育臨床《きょういくりんしょう》

2014年7月20日　第1版第1刷発行

著　者——内田利広
発行者——矢部敬一
発行所——株式会社創元社
〈本　社〉
〒541-0047　大阪市中央区淡路町4-3-6
TEL.06-6231-9010(代)　FAX.06-6233-3111(代)
〈東京支店〉
〒162-0825　東京都新宿区神楽坂4-3 煉瓦塔ビル
TEL.03-3269-1051
http://www.sogensha.co.jp/
印刷所——亜細亜印刷株式会社

ISBN978-4-422-11578-8 C3011

装丁・本文デザイン　長井究衡